POETRY AND STORIES:

ВОПИЮЩИЙ В ПУСТЫНЕ

СЕРЕБРИСТАЯ ПОДКОВА

В ГОРАХ ДАГЕСТАНА

International Scientific Center

New York 2008

POETRY AND STORIES:

ВОПИЮЩИЙ В ПУСТЫНЕ

СЕРЕБРИСТАЯ ПОДКОВА

В ГОРАХ ДАГЕСТАНА

Library of Congress Catalog Number: 2008932337

ISBN: 0-9630594-8-3

Printed in the United States of America

СТИХИ

ИСАЯ ШОУЛОВИЧА ДАВЫДОВА

ГЛАС ВОПИЮЩЕГО В ПУСТЫНЕ

Автор будет чрезвычайно рад сотрудничеству певцов и копозиторов, желающих переложить эти стихи на музыку и песни. По всем вопросам обращайтесь к автору по следующему адресу:

Isay Davydov
17 Filbert Lane,
Palm Coast, FL 32137
United States of America
Тел. 1-386-445-6501

Поздравляем с 75 летним юбилеем!!!

Исай Шоулович Давыдов

Сильнее грома крикнул я:
"Хочу любви, любви волшебной!"
Но глухо вертится Земля.
Молчит в ответ глухое небо.

ЦЫГАНКА

Приснился мне волшебный ангел.
Мне снились райские цветы.
Мне снилась милая цыганка,
Как идеал моей мечты.

Исполнен я теперь желаньем
В кибитках пыльных кочевать,
Терпеть лишенья и страданья
И счастье вечное искать.

Искать с надеждою напрасной,
Искать без отдыха, без сна.
Где ты, немеркнущее счастье?
Где ты, волшебная весна?

А на душе моей тревожно.
Не оттого ль, что нет пути?
Не оттого ль, что невозможно
На свете счастия найти?

Судьба цыганки – боль еврея.
Гонимы оба мы судьбой.
Отчизны оба не имеем.
Везде "незваный" и чужой.

Нальчик, 1947

МОЛОКАН

Зачем вдали стоит туман?
И что за пыль вдали клубится?
То равнодушный Молокан
На скакуне куда-то мчится.

Мелькают мимо города,
Мелькают мимо реки, горы.
Он мчится вихрем, но куда?
В какие дальние просторы?

– Куда ты мчишься, Молокан?
Поведай нам свои стремленья.
Что хочешь ты от дальних стран?
Какое ищешь утешенье?

В дали сгорает волчий стан.
В дали свирепствуют пожары.
Вдали бушует океан
И воет ветер ведьмой старой.

– Хочу я истину понять.
Хочу понять священной правды.
Хочу загадку разгадать
Без всякой корысти и славы.

Найти хочу я в жизни смысл:
Зачем живем? За что страдали?
Молчит загадочная высь.
Молчат загадочные дали.

Хотел бы ввысь подняться я.
Ответит небо мне, быть может:
Зачем живу на свете я?
Зачем тоска мне сердце гложет?

Но нету крыльев у меня.
А потому несусь я в дали:
Хочу, чтоб дали для меня
Загадку эту разгадали.

За это я пойду в огонь.
За это брошусь я в пучину.
Неси меня, мой гордый конь,
Пока я цели не достигну.

Найду ль разгадку эту я?
Найду ль ответ за горизонтом?
Ведь он уходит от меня
Быстрей коня, широким фронтом!

Нальчик, 1948

ЧЕРЕКСКОЕ УЩЕЛЬЕ

Устремляется в небо высокое
Необьятно большая скала.
Прорезая ущелье глубокое,
Подо мною грохочет река.

И небесною птицей крылатой
Облака уплывают куда-то.
И, как кажется, в дали порой
Всю скалу забирают с собой.

О черекские воды привольные!
Куда доблестный держите путь?
Не устали ли вы? Не довольно ли?
Не пора ли хоть миг отдохнуть?

"Отдыхать нам не время, конечно,
Устремляться мы вдаль должны вечно,
А ведь даль впереди бесконечна,
Бесконечны стремленья... Взгляни!.." –
Грудь вздымая свою быстротечно,
Отвечали мне хором они.

Нальчик, 1949

ЗВЕЗДОЧКА

Звездочка ночная
В вышине блуждает.
Сердце молодое
В поисках страдает.

Звездочка на небе
Что-то отыскала.
Почему же сердце
В поисках устало?

Нальчик, 1950

Грудь руками разорву я.
Сердце выну из нее.
Пусть в голубку обратится
Сердце пылкое мое.

Нальчик, 1951

Если сердце нежно любит,
Значит, жив и счастлив ты,
Значит, мир цветет повсюду,
Как   весенние цветы.

Если ж в сердце стало пусто
И тебя гнетет печаль,
Значит, мир пропитан грустью,
Ничего тебе не жаль.

Нальчик,   1952

ЯДОВИТАЯ РОЗА

Что за прелесть эта роза?
Лепестки на ней горят.
Стынешь ты в влюбленной позе
И вдыхаешь аромат.

Разве мог бы заподозрить?
Разве мог бы предсказать,
Что, вдыхая запах розы,
Ты вдохнешь смертельный яд?

Для чего и кто когда-то
Эту розу посадил?
И зачем смертельным ядом
Лепестки ее снабдил?

Для того ль, чтоб красотою
Самых лучшх завлекать?
Для того ль, чтоб все святое
Нежным ядом убивать?

Прочь прекрасную убийцу.
Срежь под корень стебелек.
Над сердцами не глумится
Пусть отравленный цветок.

Москва, 1952

ПАРЕНЬ

Парень смуглый и кудрявый,
Тяжко на душе твоей:
Жид ли ты по воле рока
Иль отверженный еврей.

Трижды будь ученым,
Технику создашь.
А в ответ услышишь,
Что еврей – торгаш.

Тяжело работай,
Словно муравей,
Но никто не скажет:
Труженик – еврей.

Видишь злую тучу
Над страной "своей".
Смело в бой пойдешь ты
На защиту ей.

Ты страну чужую
Родиной зовешь:
Пулю в лоб получишь,
В спину – острый нож.

А невежды будут
Громко хохотать
И тебя трусишкой
Будут называть.

Простираешь руки
К синим небесам.
Что же нужно делать?
Ты не знаешь сам.

Знай, награда будет,
Труженик – еврей.
Будет проклят Богом
Деспот и злодей.

Москва, 1952

ПОМОРЬЕ

Поморье, угрюмые   волны и скалы.
И тучки на небе готовы рыдать.
Меня ли вы, волны морские, искали?
Меня ли хотели к себе приласкать?

Москва, 1952

КРЕПОСТЬ

Зачем взбирался ты
На крепости высокие?
Зачем хранил мечты
Ты в сердце зоркоокие?

Ужель затем, мой друг,
Чтоб пасть потом сорокою,
Сорокой битобокою
В порыве страшных мук?

Москва, 1952

ПРОГРЕСС

Прогресс, прогресс, прогресс.
Пешком ходили раньше,
Теперь везет экспресс
В Ленинград и дальше.

Смотрю на бурный рост
Я с радостью, любовью,
На девушек без кос –
С прискорбием и болью.

Москва, 1952

ОВЕЧКА И ВОЛК

Стучит без устали сердечко.
Видать, в мужчинах знает толк.
Обильно слезы льет Овечка:
Ее не замечает Волк.

Противны ей бараны эти.
Терпеть не может их она.
Зато есть Волк на белом свете.
В него Овечка влюблена.

Два дня ласкал Овечку Волк.
На третий день притих, умолк,
Ворчал, придирчиво гремел
И, наконец, Овечку съел.

А басни этой смысл таков:
Не следует любить волков.

Москва, 1953

КАВКАЗ

Люблю тебя, твои седины,
Потоков буйных дикий вой,
Твои безбрежные равнины,
Люблю народ твой трудовой.

Люблю, когда река седая
Бурлит вспененною волной.
Люблю тебя, земля родная.
Люблю тебя, Кавказ родной.

Москва, 1953

ШТИЛЬ

Солнце море озаряет
Светом радужных лучей.
Серебрится гладь морская
Бриллиантами огней.

Над водою чаек стаи,
Под водою царь морей.
По воде плывут куда-то
Стаи быстрых кораблей.

Улыбнулся боцман хмурый,
Полосатый богатырь.
После шторма, после бури
Моряку приятен штиль.

Прибалтика, 1954

НЕОБЪЯСНИМАЯ ГРУСТЬ

Почему так грустно мне?
Я и сам того не знаю.
Лишь вздыхая о весне,
На морозе увядаю.

Москва, 1954

ЗАКАТ ВЕСНЫ

Не в первый раз цвели цветы
Благоухающей весною.
Не в первый день любили мы
Друг друга, милая, с тобою.

Но под копытами коров
Цветы весенние увяли,
А нашу нежную любовь
Чужие ноги растоптали.

Идет весна, несет с собой
Любовь, надежду, бодрость, силы.
Зачем же мы с тобой весной
Любовь свою похоронили?

Подходит все теперь к концу.
Хоть мы с тобой не виноваты,
Ни нам с тобой, ни подлецу
Мы не простим такой утраты.

1957

ТУЧА

Туча небесная,
Черная туча,
Ты и полезная,
Ты и могуча.

Вечно ты хмуришься,
Вечно ты плачешь,
Солнышко яркое
Крыльями прячешь.

Вечно ты носишься
В небе над нами,
Моешь безудержно
Землю слезами.

Нальчик, 1960

СЫНУ

Не успел букет раскрыться,
Как завяли в нем цветы.
Не успел на свет родиться,
Как погиб, сыночек, ты.

Ты родился темной ночью,
Но не дожил до утра:
Не открыл еще ты очи.
Не открыл еще ты рта.

Ты еще счастливым не был,
Ты еще совсем не жил,
Не летал,   не рвался в небо,
Тайн Вселенной не раскрыл.

Не любил, любимым не был.
Роз любимой не дарил.
Только лишь попутный ветер
Плакал за тобой и выл.

Я пишу своею кровью
Для тебя надгробный стих.
Памятник тебе я строю
Из свинцовых слез моих.

В них разлита желчь печали.
В них зарыта боль моя.
Лишь они немного стали
Утешеньем для меня.

Нальчик, 1964

МОСРЫБВТУЗ

Считал святыми   неспроста,
Не зря всегда и всюду славил
Я те прелестные места,
Где сердце бедное оставил.

Не может рыба без воды,
Без сердца тело жить не может.
В прелестных парках Кабарды
Тоска по сердцу тело гложет.

Пустился в путь, тоской гонимый,
И Мосрыбвтуз я посетил.
Но не нашел я той   рябины,
Которой сердце подарил.

И не растут там больше розы,
И парк там больше не цветет.
Из крыш ручьями льются слезы.
Хрустит в пруду холодный лед.

Лишь на обломке старых сосен
Поет печальный соловей —
Далекий милый отголосок
Увядшей юности моей.

Москва, 1966

ПТИЧКА

Свободную птичку
Я как-то поймал,
Ласкал по головке
И к сердцу прижал.

Прелестную птичку
Я так полюбил,
Что в клеть золотую
Ее посадил.

"Останься со мною.
Про волю забудь.
Товарищем будь мне.
Подругою будь.

Кормить тебя буду
Отборным зерном.
Поить тебя буду
Французским вином".

"Не надо вина мне.
Я небо люблю.
Верните мне волю,
Свободу мою".

"Я знать не желаю
О воле твоей.
Неволей иль волей
Ты будешь моей".

Но птичка неволю
Снести не смогла
И в несколько суток
Она умерла.

На клетку пустую
Печально смотрю
И думаю думу
Про птичку мою.

Но, как же случилось,
Что в атомный век
К неволе постыдной
Привык человек???

Нальчик, 1967

РАЗОЧАРОВАНИЕ

Миру с давних пор известно:
"Что посеешь, то пожнешь".
Я же сеял только честность.
Пожинаю – только ложь.

Я надеялся на счастье,
Верил – сбудутся мечты.
Ждал, что будущее даст мне
Наслажденье и цветы.

Но жесток закон безбожных:
Грабят, мучают и бьют;
Оскорбят бесстыдной ложью,
Даже плакать не дадут.

Так обман царит повсюду.
О свободе в песнях лгут.
А на самом деле людям
Цепи тяжкие куют.

Цепь "теорий" для рассудка,
Цепь "искусства" для сердец.
Погибает честный, чуткий,
Выживает лишь подлец.

Не цветы, не счастья пламень
Светят мне в пути моем.
Грудь сдавил мне тяжкий камень
И грохочет грозно гром.

Так, иди же, дождь ненастный.
Ветер бешеный, свисти.
Если в мире нету счастья,
Дай хоть душу отвести.

Нальчик, 1968

ЛОЖЬ И ИСТИНА

Я тянусь к просторам неба.
Тянет в землю мрачный крот.
Потому он мне свирепо
Сердце бедное грызет.

Я хочу священной правды,
Хочет лжи мошенник – плут.
Потому лжецы отравой
В душу светлую плюют.

Нальчик, 1974

ТИРАНУ

Прослушав пару лет за партой
Дезинформацию и ложь,
Ты вырос "мудрым" попугаем
И сам теперь другим ты лжешь..

Ты сам теперь умы неволишь.
Ты ложь возводишь в высший сан
Из-за того, что ты всего лишь –
Дезинформатор и тиран.

Мой дух свободный, дух мой гордый
Ничем не прошибешь.
Я презираю зла "аккорды",
Я ненавижу ложь.

Нальчик, 1975

ДАГЕСТАНСКОЕ УЩЕЛЬЕ (Дэрэ Гаттэ)

На небе высоком плывут облака.
В ущелье глубоком грохочет река.

Меж облаком белым и бурной рекой
Красуются горы с отвесной скалой.

У самого неба в седой вышине
Скала непреступною кажется мне.

Но сбоку у голой вершины скалы
В заброшенных саклях гнездятся орлы.

Те сакли до нас сквозь столетья дошли.
В них жили бесстрашные предки мои.

Скрываясь от плена и гнета царей,
Там жил не сдававшийся горский еврей.

На скалах он с небом и солнцем дружил,
Жилище и пишу с орлами делил.

Жалею немного я только о том,
Что ныне с орлами мы гнезда не вьем.

Но буду гордиться всегда и везде
Я прадедом, жившим в орлином гнезде.

Нальчик. 1975

УБЕЖДЕННЫЙ РАБ

В стране рабов, рабом рожденный,
Всю жизнь оковы ты таскал.
В оковы тяжкие влюбленный,
Судьбу иную не искал.

Ты раб совсем иного сорта.
Цепей не видно на руках.
Удел раба несешь ты гордо.
Твой ум запутан в кандалах.

Ты верил в ложь, боялся правды.
Ты правду ложью подменял.
Тюрьму народов ты восславил.
Свободу гневно осуждал.

Друзей ты люто ненавидел,
Врагов усердно защищал.
Ты нацию свою обидел.
Ты Бога сочно оскорблял.

Тирану ноги целовал ты.
Ты "честно" деспоту служил.
Ты выдавал родного брата.
Отца родного ты убил.

Но не умом, не крепкой властью,
Не силой собственной своей –

Руками рабскими опасен
Насильник, деспот и злодей.

Могучий телом, нищий духом,
Не зная отдыха и сна,
Войны, насилья и разрухи
Ты сеял всюду семена.

Во лжи ты жизнь несчастно прожил.
Мне жаль тебя, судьбы твоей.
Рабом рожденный жить не может
На белом свете без цепей.

Мне жаль тебя, что ты не можешь
Простые истины понять,
Что жизнь свою ты лживо прожил,
Но вправду будешь умирать.

Но грянет час и рухнут цепи.
Тогда ты, может быть, поймешь,
Что жизнь твоя была нелепой,
Когда боролся ты за ложь!

И не простишь себе тогда ты
Деянья мерзкие свои:
Ни гибель собственного брата
Ни море пролитой крови.

Простят тебе, быть может, люди!
Простит тебе, быть может, Бог!
Ты сам тогда себя осудишь
За то, что деспоту помог.

Нальчик, 1976

ОТКАЗНИК

Руки к небу простираю
Я в безудержной мольбе.
В журавлиной белой стае
Улетел бы я к тебе.

Но стою я, некрылатый,
Посреди чужых полей,
От восхода до заката
Провожая журавлей.

Нальчик, 1977

ЖУРАВЛИ

Идут снега и тут же тают.
Пурга становится наглей.
К теплу и солнцу улетает
По небу стая журавлей.

В лесу заброшенном остался
С крылом истерзанным журавль.
Он долго с братьями прощался.
Он грустно всматривался вдаль.

Хотел он страстно ввысь подняться,
Хотел до Солнца долететь.
Но должен в луже пресмыкаться,
В грязи холодной умереть.

Нальчик, 1977

ВОЛШЕБНЫЕ ЗВУКИ

Слышу волшебные звуки.
Тихо играет рояль.
Сердце тоскует в разлуке.
Душу щекочет печаль.

Тихие звуки рояля
Ласково к милой неслись
В ярко-зеленые дали,
В сине-лазурную высь.

Грустной душою туда же
Я неуклонно тянусь,
Словно за далями слаще
Тихая нежная грусть.

Как я завидую этим
Звукам, плывущим в эфир.
Их не догонит ракета,
Их не задержит ОВИР.

К той же лазури небесной
Следом уносится грусть.
К этим же далям прелестным
Я неуклонно тянусь.

Нальчик, 1978

СВЕРКАЕТ РАЗУМ ОДИНОКИЙ
по мотивам М. Ю. Лермонтова
БЕЛЕЕТ ПАРУС ОДИНОКИЙ

Сверкает разум одинокий
Во тьме безумства и цепей.
Зачем пришел он в мир жестокий?
Что хочет сделать для людей?

Есть мир иной, где ценят мудрость.
Есть мир возвышенных идей.
А он пришел сюда, как будто
Он образумит всех людей.

Вражда бушует, злоба рыщет.
Народ безмолвие хранит.
Увы! Он счастия не ищет
И не от гибели бежит.

Нью-Йорк, 1980

РАЗУМ И ИСТИНА

Как к Солнцу тянутся цветы,
Как в небеса стремятся птицы.
Так к счастью тянутся мечты,
Так разум к истине стремится.

Нью-Йорк, 1989

ПЕРЕВОПЛОЩЕНИЕ ДУШ

Я был рабом у фараонов,
Я пирамиды воздвигал,
Я был Акибой и Шимоном,
Я против Рима восставал.

Меня в Германии казнили,
Палач в Испании сжигал,
Меня погромщики громили...
И каждый раз я воскресал.

Но воскресал я не из пепла
И не в могиле под плитой,
А воскресал в еврейском "гетто"
Во чреве матери святой.

Пройдут столетия и годы...
Тогда начнут меня читать,
Когда созреют все народы
Святую правду понимать.

Тогда не будет вероломства.
Не будет ненависти злой.
И благородное потомство
Построит в мире "Рай Земной".

Не будет в мире больше рабства,
Не будет войн и палачей,
Настанет день любви и братства –
Счастливый день для всех людей.

Тогда-то будет нужно людям
Мне слово теплое сказать.
Начнут искать меня повсюду,
Но не смогут разыскать.

Сотрут столетия могилу,
Мой прах исчезнет навсегда,
А я явлюсь ребенком милым,
Как мимолетная звезда.

Не будут знать мои потомки,
Не будет знать и мать моя,
В каком же именно ребенке
Явился миру снова я.

Нью-Йорк, 2000

КОЛЫБЕЛЬНАЯ

"Усни, мой сын, под свет лампады.
Расти тебе поможет Бог,
Чтоб ты построил дом громадный
На перекрестке всех дорог,

Чтоб дать ночлег в пути скитальцам,
Чтоб хлеб голодным раздавать,
Чтоб боль души смягчать страдальцам,
Чтоб путь ослепшим озарять,

Чтоб ты утешил безутешных,
Надежно слабых защитил,
Чтоб сожалеть заставил грешных,
А злых людей к добру склонил".

Но вырос я несильным, небогатым.
И не построил дом в пути.
Я сам без родины скитался.
Прости меня, отец! Прости!

Не накормил голодных хлебом.
Я вместе с ними голодал.
И, простирая руки к небу,
Я сам с несчастными страдал

Не защитил народ свой от гонений.
Я был гонимым вместе с ним.
Лишь светом яркого прозренья
Я путь народам озарил.

Прости меня, отец! Прости!

Флорида, 2001

ГЛАС ВОПИЮЩЕГО В ПУСТЫНЕ

И был крикливым голос мой.
И плакал я, когда родился:
Из райской жизни в ад земной
Я слишком рано опустился.

И вырос я в аду земном
Печальный, тихий, одинокий.
Кипела ненависть кругом,
Вражда была везде жестокой.

Сильнее грома крикнул я:
"Хочу любви, любви волшебной!"
Но глухо вертится Земля.
Не внемлет мне глухое небо.

Вот тихо плачу снова я,
Когда пришла пора вернуться.
Не рвется в рай душа моя,
Не хочет разум мой проснуться.

Любовь лечит,
Ненависть калечит.

Флорида, 2002

ПЕРЕВОПЛОЩЕНИЕ ДУШ
ПО МОТИВАМ НЕКРАСОВА

Если мы разумом, мыслями ясными
Правильный путь проложили себе,
Знаю я точно, в ту пору прекрасную
Жить приведется и мне и тебе.

ПО МОТИВАМ АННЫ ГЕРМАН

Гори, гори, любовь священная,
Гори в душе моей всегда.
И после смерти тела бренного
Ты не померкни никогда.

Лучами теплыми и вечными
Мне душу вечно согревай
И теплотою человечною
Дорогу людям освещай.

Когда умру, то над могилою
Звездою яркою сияй.
И каждый раз волшебной силою
Мой дух в младенца воплощай.

Флорида, 2005

38

СТИХИ ИСАЯ ДАВЫДОВА НА ТАТСКОМ ЯЗЫКЕ

Базигьорэ вокоширум,
Бигьли воров пардушгьо.
Мэ э кин туь миоморум
Э тэгьэр гъарэ гъушгьо.

Омо нэ вэ пардушгьойму.
Иму нистим гъарэ гъуш.
Зэрд бирэи жижигьойму
Вэ пэшмуьни дуьлгьой муш.

СЕРГЕЙ ЕСЕНИН
в переводе
ИСАЯ ДАВЫДОВА

Зар зэрэ мэ ние гиристэнуьм,
Гьэрчиш нист бирэ э гиль эзгиль.
Гьизму мэ эдэрэ пир бирэнум,
Дубортэ мэ нибошум жогьиль.

Не жалею, не зову, не плачу.
Все пройдет, как с белых яблонь дым.
Увяданья золотом охваченный,
Я не буду больше молодым.

Флорида, 2003

ЮНО и ЗОКОЙ ХУДЭЙНАТОВЫ

Погибли в 1928 году, а от богатого наследия их песен и стихов в памяти народной сохранились только эти строки:

Гьисти е гъайм э г1илом эзи
Жугьурун эн Кавкази
Ишуь мундэй эз хьармахьуь пэс
Агъул дорэгор нисти кэс

У махьал муьрдэй бэбэ бэбэйму.
Гьизму муьрдэй дэдэ дэдэйму.
Вахизит бурайм етимгьо
Эжэ рахтгэ пойгьойму.

Кто на свете всех бедней?
То отверженный еврей!
Каждый хочет зла ему,
Но не знает почему.

Умер раньше наш отец.
Вот и мамочке конец.
Но куда же мы теперь пойдем?
Где приют себе найдем?

Шоул Маттиеевич
Давыдов

СЕРЕБРИСТАЯ ПОДКОВА

Автор посвящает этот рассказ тем кабардинцам, которые спасли 2000 жизней горско-еврейского населения города Нальчика в период его оккупации фашистами с 20 октября 1942 по 4 января 1943 года.

ОБ АВТОРЕ:

Давыдов Шоул Маттиеевич (Шоул бен Мэттиё) – автор рассказа "Серебристая подкова" – родился 28 декабря 1909 года в Нальчике (СССР) и умер 23 мая 1983 года в Нью-Йорке (США). Прожил очень тяжелую жизнь, как физически, так и морально. В юности окончил еврейскую религиозную школу, однако позже, когда начались гонения на религию со стороны "воинствующих атеистов", пришлось обучаться русской грамоте. В 1934 году окончил так называемый "рабочий факультет" в Москве. В 1936 году окончил юридическую школу в Пятигорске. С 1936 по 1940 год работал юристом: выступал на суде в качестве защитника, весьма успешно и убедительно доказывал невиновность подсудимого. Он не проиграл ни одного судебного процесса, на его счету сотни жизней, спасенных от сталинских репрессий. Его терпели до тех пор, пока министром юстиции Кабардино-Балкарской Автономной Республики был справедливый человек – Амиров Дон (Мошолкэ) – горский еврей.

Во время Второй мировой войны Давыдов Шоул воевал в рядах Советской армии против фашистской Германии. После войны, согласно закону, он имел право вернуться на должность защитника, которую он занимал до войны. Однако вместо этого ему была предложена должность судьи. Давыдов Шоул категорически отказался осуждать людей. По этой причине на протяжении всей оставшейся жизни ему пришлось добывать свой кусок хлеба тяжелым трудом.

ПРЕДИСЛОВИЕ

На Кавказе, в юго-восточном районе города Нальчика, в 1980 году проживало около 10 000 горских евреев, говорящих на татском диалекте персидского языка. Кто и когда основал этот курортный город? Почему ему дали название "Нальчик"? Как попали туда евреи?

На протяжении двух веков, от отца к сыну, от деда к внуку, из уст в уста передавалось предание, дающее ответы на эти вопросы. "Серебристая подкова" рассказывает об отважном еврее, основавшем город на Кавказе. Автор этой повести Давыдов Шоул Маттиеевич родился 28 декабря 1909 года именно в этом районе Нальчика. Он слышал это предание от своего деда, а дед – от своего отца и т.д.

"Серебристая подкова" (The lucky horse-shoe) – короткий рассказ о легендарном подвиге отважного еврея, который основал город на Кавказе в 1816 году. Он открывает новые странички героической истории еврейского народа. Рассказ подтверждается уникальными документами и представляет историческую ценность.

Здесь помещена фотография автора "Серебристой подковы" Шоула бар Мэттие в горско-еврейской черкеске, которая сделана 27 декабря 1914 года, когда ему было всего пять лет. На груди у него – карманные часы с цепочкой. На поясе висит настоящий кинжал, которым горский еврей должен учиться владеть уже в этом возрасте, чтобы защитить себя.

Так выглядели горские евреи в начале прошлого века.

Так выглдели горские евреи в 1908 году.
На снимке Маттие бар Иохай во главе
своего семейства (второй слева)

Так выглдела горско-еврейская супружеская пара в 1932 году. На снимке Шоул бар Маттие и его супруга Шимхо бет Итиил.

Чтобы обезопасить себя от нападении многочисленных врагов, горцы Дагестана были вынуждены строить свои жилища на вершинах гор и скал в глубоких ущельях. Над пропастями натягивались канаты и по ним горцы ходили друг к другу в гости.

1

Лето 1815 года. Княжеское имение, расположенное между двумя бурными горными реками: Чегемом и Баксаном. После вечерней трапезы Аслангери Кешев, один из именитых князей Кабарды, раньше обычного оставил своих многочисленных гостей и отправился в свою спальню. Лежа в постели, он в сотый раз задавал себе один и тот же вопрос: "Кто будет моим наследником? Кто будет продолжать мой род, мою фамилию?"

Ему было уже 68 лет. Он был у отца единственным ребенком. У него самого была тоже единственная дочь Фатима, которой шел уже 25-ый год. А подходящего жениха нет. Сыновья именитых князей к ней не сватались потому, что она не была очень красивой. Не только за простого крестьянина, но даже за уздена выдать замуж свою дочь не позволял ему княжеский сан. Узден – это человек из среднего сословия, придворный интеллектуал и смельчак.

"Что же делать? Как быть?" – эта мысль не покидала князя ни днем, ни ночью. Жизнерадостный и бойкий Аслангери становился грустным и мрачным. Разумеется, его тревоги не могла не заметить внимательная княгиня. Она знала, что у ее мужа вспыльчивый характер, что он не любит, когда в его дела вмешиваются даже самые близкие люди. Поэтому ей пришлось очень осторожно, шаг за шагом навести его на откровенный разговор. И Аслангери, поначалу не хотевший огорчать любимую жену, рассказал ей обо всем.

Если именитый муж не может одолеть неразрешимую проблему, то на помощь ему приходит мудрая жена. Она посоветовала, а он сделал так, как она сказала.

На следующее утро князь вызвал к себе старшего мюрида, то есть своего ближайшего помощника и сказал ему:

– Ты видишь это дерево? Во всем моем имении оно самое древнее, но в то же время самое крепкое и роскошное. Время не способно его разрушить. С течением времени оно становится крепче и сильнее. Я хочу, чтобы мой род и мои потомки были такими же крепкими, как это дерево. Поэтому я хочу выдать замуж свою единственную дочь Фатиму за самого крепкого и самого смелого, а не самого именитого или богатого человека. Слава Аллаху, моего богатства хватит не только моим внукам, но и внукам моих внуков!

Объяви по всей Кабарде, что все 30 дней следующего месяца в моем имении на берегу реки Баксан будут проходить крупнейшие соревнования по джигитовке. Победитель этих соревнований станет мужем моей дочери и моим наследником.

Весть о предстоящих соревнованиях быстро распространилась далеко за пределами Кабарды. Со всех краев в назначенное место потянулись самые крепкие и смелые юноши-джигиты. В первый день их собралось более двухсот. Соперники соревновались в смелости, быстроте, ловкости, выносливости, меткости, силе и т.д. Побежденные выбывали из участия в соревновании, а победители продолжали борьбу. Количество джигитов, продолжавших соревнование, с каждым днем уменьшалось. Однако смутная необъяснимая тревога не покидала князя. Иногда ему казалось, что никто из этих джигитов не сможет выйти победителем. Княгиня его успокаивала:

– Я видела сон: будто мы с тобой были в гостях у моего отца. Он подарил тебе острую саблю, а мне – три кинжала с золотыми оправами. Это значит, что у тебя будет достойный наследник, а у моей Фатимы будут три сына.

2

Состязания близились к концу. На закате двадцать девятого дня оставалось всего четверо участников, которые в последний, тридцатый, день должны были верхом на коне переплыть реку Баксан. Кто первым переплывет, тот становится победителем состязания, наследником князя и мужем Фатимы. Однако необъяснимая тревога князя Аслангери оказалась не напрасной. Ночью грянул гром, блеснула молния и началась такая гроза, которую трудно себе вообразить. С гор ринулись потоки воды, перед которыми не могла устоять никакая сила. Они сметали на своем пути все живое и неживое и вливались в реку Баксан. Утром гроза стихла, взошло солнце.

Но река Баксан, которая за ночь выросла до небывалых размеров, продолжала реветь, как раненый зверь. Ее громадные волны с чудовищной силой налетали на утесы и разбивались о них. Князь Аслангери не помнил случая, чтобы кому-нибудь из самых отважных джигитов удалось переплыть реку Баксан и выйти из нее живым после грозы. И никто другой не помнил такого случая. Не слыхали об этом люди и от своих дедов, а те – от своих. Даже песни, легенды и сказки не рассказывали о таком подвиге. Продолжить соревнование – значило обречь на верную гибель четверых лучших, сильнейших юношей-джигитов. Отложить соревнование означало отмену княжеского слова.

– Что твой сон?!! – с укором спросил Аслангери княгиню. Она горько улыбнулась и ответила:

– Я верю, что мой сон сбудется!

И князь Аслангери Кешев принял решение продолжить соревнования.

3

Обширное поле на берегу реки Баксан после грозы пахло свежестью. На кургане было раскинуто несколько четырехугольных брезентовых шатров. Среди них в самом центре выделялся большой и просторный шатер из красивого водонепроницаемого полотна. Сверху он был обтянут белоснежным войлоком. На куполе сверкал золотой родовой герб: звезда и полумесяц. Внутри княжеский шатер был устлан дорогими персидскими коврами. Отсюда иментый князь Аслангери наблюдал за финалом состязаний.

У подножия кургана возле костров суетились повара. В больших чугунных котлах варилось мясо трех отборных быков.

Туши 60-ти овец вертелись на медленном огне над тлеющими углями. Паста – пшеничная запеканка, употребляемая кабардинцами вместо хлеба, получилась особенно удачной. Аромат вкусной пищи щекотал ноздри и возбуждал аппетит даже у сытого человека. Шеф-повар Али вытер свои рыжие усы полотенцем, висевшим на его серебряном поясе, и начал отдавать последние распоряжения своим помощникам.

– Слава Аллаху! – сказал он.– Пир будет на славу. Теперь я могу надеяться на золотую монету в награду от моего повелителя.

Свыше двухсот всадников, участников состязаний, рысью приближались к берегу разъяренной реки. Четверо всадников – победителей отделились от них и подошли вплотную к берегу. Остальные разбились на два лагеря и встали по обе стороны от них. Большинство джигитов, которые еще вчера горько переживали свое поражение, теперь были рады в душе тому, что они не добились победы. В самом деле, положение четверых победителей состязаний было весьма незавидным.

Ринуться в горную реку после такой грозы – значит наверняка погибнуть. И какой бы смелый и бесшабашный ни был джигит, но умирать во цвете лет никто не хотел. Отказаться же от последнего испытания было бы трусостью, неподобающей джигиту. Весть о трусливом поступке быстро разнесется по всему Кавказу, и трус никогда не сможет избавиться от чувства стыда.

Старший мюрид Каральби помолился Аллаху и дал знак начать финальный тур состязаний. Разом, как по команде, четыре коня заржали и встали на дыбы. Двое из них вместе со своими седоками бросились в водоворот. Грозные волны с ревом то опускали, то поднимали свои жертвы, с силой бросали их из стороны в сторону, били о камни. Через несколько секунд оба джигита вместе со своими конями навсегда исчезли в волнах. Два других джигита, оставшиеся на берегу, не посмели броситься в пучину. Они резко повернули коней в сторону от реки и галопом ускакали прочь. Говорят, что с тех пор их никто и никогда не видел не только в Кабарде, но и на всем Кавказе.

Князь Аслангери Кешев пришел в ярость. Он метнул недобрый взгляд на княгиню и схватил крепко рукоятку кинжала, висевшего на его поясе с золотыми пряжками.

– Что же твой сон?!!– процедил он сквозь зубы. – Я всегда говорил: спроси совета у жены, а потом сделай все наоборот.

Княгиня медленно и спокойно подняла

свои черные очи, посмотрела мужу в глаза и твердо сказала:

— Я надеюсь, что мой сон сбудется!

Затем она взглядом показала мужу на противоположную сторону реки Баксан и добавила:

— Посмотри!

Вдали быстро мчался всадник. За ним гнались два волка. Вдруг всадник резко повернул коня в противоположную сторону и поскакал навстречу волкам. Один из волков резким и ловким прыжком бросился на коня. Его клыки были на расстоянии не более двух дюймов от горла коня, когда он, пронзенный кинжалом всадника, замер на лету и грохнулся об землю. Тем временем конь перелетел через второго волка и резко повернул ему навстречу. На полном скаку всадник спрыгнул с коня на спину волка, схватил его левой рукой за ухо и вспорол ему брюхо кинжалом, который держал в правой руке. Конь проскакал несколько саженей вперед и остановился в ожидании своего хозяина.

4

Именитый князь Аслангери Кешев, который замер, наблюдая за неравной схваткой между незнакомцем и волками, вложил свой кинжал обратно в ножны. Облегченно вздохнул сначала его мюрид Каральби, а затем и все остальные.

Джигит подбежал к своему коню, провел несколько раз ладонью по гриве, вскочил к нему на спину, повернул его в сторону реки и на полном скаку бросился в волны Баксана. Хищные волны изо всех сил старались сбросить джигита с коня, разбить его об утесы и скалы и проглотить так же, как двух других джигитов. Но не тут-то было. Этот джигит был сделан из другого теста. Он не страшился пучины, перед ним были бессильны волны. И когда очередной водоворот хотел его поглотить, то он ловко и во время уходил в сторону. Течение унесло его примерно на полмили от княжеского стана, когда он переплыл реку и благополучно достиг берега.

– Клянусь Аллахом, что более отважного джигита, чем этот незнакомец, мне не найти! – сказал Аслангери.

Но джигит уже снова мчался, быстро удаляясь от княжеского стана. По-видимому, он не только не был участником, но даже не догадывался о состязаниях, устроенных князем. Поэтому по приказу Аслангери Кешева группа всадников во главе с Каральби пустилась его догонять. Заметив погоню, незнакомец замедлил   шаг. Дело могло бы закончиться схваткой, если бы Каральби в знак мира не поднял на кончике своего кинжала белый платок.

– Салям Алейкум! – приветствовал путника Каральби, стоя на стременах по кавказскому обычаю.

– Алейхем Шалом! – ответил путник по-еврейски.

Каральби передал джигиту приглашение своего повелителя. Джигит вежливо отказался   принять приглашение, объясняя это неотложностью своих дел. Узнав об этом, князь сначала разгневался, но затем вместе со свитой отправился приглашать гостя сам. Отказаться от гостеприимства самого князя значит по кавказским обычаям нанести ему смертельное оскорбление. Но джигит   вовсе не хотел оскорблять князя, и поэтому ему пришлось стать его гостем.

Солнце уже приближалось к закату и было похоже на   большой желто-розовый шар, когда группа всадников, во главе которой, по обычаю горцев, скакали князь Аслангери и гость (слева от князя), подъехала к шатрам. Али стремглав бросился к князю, чтобы помочь ему сойти с коня, но тот ткнул его ногой в плечо и сказал:

– Ты что! Не знаешь обычай горцев?

Помоги сначала гостю.

Слуги быстро привязали коней к коновязи.

– Иблага (добро пожаловать)! – обратился хозяин к гостю.

Гость поклонился в знак благодарности и вошел в шатер, переступив осторожно через порог, украшенный серебристой подковой.

– Иблага код ух! – сказал гость. – Пусть умножит Бог добрых гостей гостеприимному хозяину! Если копыта быстрого коня приносят удачу джигиту, то серебристая подкова у порога этого шатра пусть принесет князю счастье!

Гость говорил на языке кабардинцев довольно хорошо, но с заметным дагестанским акцентом. Он был высок, строен, красив; держался с непринужденным достоинством. На вид ему можно было дать лет 25-27. На нем была черкеска и мохнатая кавказская шапка. На поясе висел кинжал. Небольшая черная борода, длинные усы и карие глаза, глядевшие из-под густых бровей, – придавали его семитскому лицу что-то кавказское. Ему поднесли медный таз и кубчан для омовения рук. Затем почетного гостя усадили рядом с князем на подушку с золотыми вышивками. Далее поднесли ему отварную баранью голову – знак наивысшего почтения.

– Хозяин от души желает своему удалому гостю быть во всяком деле головой! – подчеркнул князь.

– Гость желает хозяину и всем его близким крепкого здоровья и больших удач! – ответил путник, раздавая по куску от бараньей головы сначала князю, а затем всем остальным.

Далее поднесли гостю отварной бычий язык.

– Язык – это соль жизни! – сказал князь. – Язык может и возвести человека до звезд и столкнуть его в пропасть. Язык может навести на беду и выручить из беды. Да оградит Аллах моего удалого гостя от дурного языка!

Так начался княжеский пир, длившийся семь дней в честь удалого почетного гостя, прибывшего из Дэрэ Гаттэ (Глубокого Ущелья), расположенного неподалеку от села Тарки, севернее Дербента, в Дагестане. Повара во главе с Али только и успевали быстрыми и умелыми ударами кинжалов разделывать туши баранов, которые потом поджаривались целиком на вертеле над горящими угольями. Баранину подавали огромными кусками, что должно было свидетельствовать о щедрости хозяина. Еду запивали махсимом – водкой, которую кабардинцы гнали из кукурузной муки. Если хмель начинал кружить голову, то пили мед. В перерывах между обильной едой под звуки барабанов начинались танцы, такие же удалые и бесшабашные, как сами горцы.

Десятки джигитов соревновались в верховой езде, в ловкости, смелости, меткости... Беспорным победителем всех состязаний оказался гость из Дагестана, удалой джигит, горский еврей Худодот бен Мэттие. За отвагу и ловкость кабардинцы прозвали его Худейнартом, что в переводе означает "Богатырь, посланный Богом": Худо – Бог (на языке горских евреев), нарт – богатырь (на языке кабардинцев). Все были изумлены и глядели, затаив дыхание, когда он, вытягивая носки, словно заправский танцор, изящно и ловко танцевал лезгинку на канате, туго натянутом между двумя столбами в трех аршинах над землей. Каждый джигит завидовал ему в душе.

Чтобы обезопасить себя от нападений многочисленных врагов, горцы Дагестана были вынуждены строить свои жилища на вершинах гор. Недосягаемые для врагов, горские евреи оставались тем не менее очень общительными людьми. Над пропастями натягивались канаты и по ним горцы ходили друг к другу в гости. Хождение по канатам для них в те времена было таким же обычным делом, как теперь езда в автомобиле. Горские евреи, как и многие другие жителеи Дагестана тех времен были замечательными канатоходцами.

Если пройтись по Дагестанским ущельям, то и теперь можно обнаружить ветхий заброшенный домик, прилепившийся сбоку к вершине неприступной скалы. Но теперь там гнездятся только птицы.

Сердце Фатимы содрогалось каждый раз, когда Худейнарт гарцевал на вороном коне ночью, под светом горящих костров. Его нельзя было не полюбить. И княжна Фатима полюбила Худейнарта так, как может любить только горянка.

5

На восьмой день все гости разъехались, а князь пригласил Худейнарта в свое имение, расположенное вблизи Чегемских водопадов, красоту которых невозможно передать ни словами, ни красками. Их надо увидеть.

Князь и гость обедали вдвоем в одном из роскошных залов имения. Аслангери никогда не обедал без своих мюридов. Это был исключительный случай. Еду подавала княжна Фатима, а не слуги. Это тоже было исключением из общего правила. И тут наедине, без свидетелей, именитый князь Аслангери Кешев рассказал своему гостю все и предложил ему руку своей дочери и свое наследство.

– Я дал клятву именем Аллаха вознаградить того, кто окажется сильнее вод реки Баксан! – сказал он.

– Я очень польщен предложением князя и благодарю его за это! – сказал гость.– Однако, я уверен, что князь отменит свое решение, если узнает, кто я.

– Я не спрашиваю у тебя, кто ты. Я вижу это!

– Во-первых, я иудей, а не мусульманин! Во-вторых, я из простой семьи, а не из княжеского рода. В-третьих, я убил своего обидчика и скрываюсь от кровной мести.

Гость умолк и на несколько секунд воцарилось тягостное молчание. Князь собрался с мыслями и ответил:

– Нет, сын мой, ты не прав! Я не вижу причин для того, чтобы отменить свое решение. Евреи и мусульмане – это потомки двух сыновей Авраама. Поэтому они всегда смогут понять друг друга, если только черным силам не удастся помешать им и столкнуть их. Кроме того, я хочу сделать своим наследником достойного джигита, а не княжеского сынка. Джигит должен быть столько же честным, сколько непобедимым. Он обязан идти на самопожертвование ради спасения беспомощного. Но в то же время он должен быть беспощадным к бесчестному и неисправимому врагу. Я никогда не сделаю своим наследником подлого труса, убивающего безвинных людей из-за угла, если бы он был даже моим родным сыном, а не только мусульманином. В то же время я буду рад объявить своим сыном и наследником настоящего джигита, победившего коварного и подлого врага в честном бою, если он даже еврей из чужого рода.

Хвала и честь тебе, а не позор, за то, что ты убил своего обидчика в открытом бою, а не из-за угла. Ты и твои родственники никогда не найдете более безопасного места, чем у меня.

Через месяц состоялась свадьба горского еврея Худейнарта и кабардинской княжны Фатимы. Впоследствии у них родилось три сына, которые стали родоначальниками трех наиболее распространенных ныне кабардинских фамилий: Кешевых, Худейнатовых (Хундейттэ) и Журтовых. Журт — это еврей по-кабардински. Часть Худейнатовых сохранила еврейство. Я думаю, что талантливые братья Юно и Зокой Худейнатовы, пытавшиеся в 1920 – 1930 годах возобновить традиции музыкального и театрального искусства горских евреев – были прямыми потомками Худодота.

А весной 1816 года под покровительством именитого кабардинского князя Аслангери Кешева семеро горских евреев, старших братьев Худейнарта, вместе со своими семьями переселились из Дэрэ Гаттэ в Кабарду. Вот имена этих братьев: Шомииль, Мушоиль, Дови, Эфраим, Ошир, Олхос и Егудо. Они являются родоначальниками следующих еврейских фамилий: Шамиловых, Мушаиловых, Давыдовых, Ифраимовых, Ашуровых, Алхасовых и Ягудаевых. Нынешнее население горского еврейского района Нальчика является, в основном, потомками этих братьев.

Первоначально еврейский поселок раскинулся на берегу одной из горных рек Кабарды в 12 милях к северо-востоку от Чегема. Сам поселок, а также река и горы, окружавшие его, напоминали по форме подкову, а снежные вершины гор и вода в реке блестели на солнце, как серебро. Отсюда и произошло название и реки и поселка – Нальчик. Наль – это подкова и на языке горских евреев, и на языке кабардинцев и балкарцев. Чик – происходит от слова "чик-лэ", что на языке горских евреев означает "маленький".

Кавказцы говорят, что подкова приносит счастье. Пэтому каждый горец прибивает ее на порог своего дома. А евреи основали подковообразный поселок у самого порога всей Кабарды. И еврейский поселок Нальчик, окаймленный серебристой подковообразной рекой, действительно принес мир и счастье жителям этого района. Предприимчивые и общительные евреи очень быстро превратили свой поселок в торговый и культурный центр, к которому потянулись все дороги из кабардинских и балкарских сел. Затем к юго-востоку от евреев поселились семьи русских военнослужащих.

В конце позапрошлого века эти военные силой переселили евреев к юго-востоку от русских. Свое решение они объяснили тем, что не годится русскому человеку жить внизу по течению реки от еврея. В этом юго-восточном районе города Нальчика и поныне живут горские евреи. Многие их них уехали в Израиль, США и другие страны.

А на том месте, где ранее стояло еврейское поселение, ныне раскинулся большой парк и санаторный комплекс. У самого входа стоит величественный монумент революционеру Беталлу Калмыкову, которого казнил Иосиф Сталин и которого посмертно реабилитировал Никита Хрущев. Но не стоит там никакого памятника ни именитому кабардинскому князю Аслангери Кешеву, ни удалому еврейскому джигиту Худодоту бен Маттие – родоначальникам трех кабардинских фамилий и основателям города Нальчика. Вместо этого по ту сторону реки вы найдете старое заброшенное еврейское кладбище. На одном из надгробных гранитных памятников, заросших бурьяном и колючей травой, крупными еврейскими буквами выбита дата, которая в переводе с библейского летоисчисления на христианское соответствует 1816 году.

Сохранился архивный документ, где один из местных чиновников сообщал царю в Москву о том, что недалеко от русской крепости поселились горские евреи. На нем стоит дата: 1818 год. Этот год и считается официальной датой основания города Нальчика.

Вот уже на протяжении почти двух столетий горские евреи Нальчика живут в мире и дружбе с кабардинским и балкарским населением. Местные мусульмане всегда относились с должным уважением как к самим евреям, так и к их религии. Они никогда не оказывали на них никакого религиозного давления. Никогда не делалось никаких попыток насильственного обращения евреев в мусульманство. Так было не только в спокойные и добрые времена; так было и тогда, когда с севера подули ветры антисемитизма и атеизма. Мне хочется верить, что дружба между евреями и мусульманами Нальчика будет и впредь нерушимой. При всех ветрах.

ИСТОРИЧЕСКАЯ СПРАВКА

"Нальчик – село Терской области, Кабардинского округа. Путешественник Иуда Черный зарегистрировал в 1866 году еврейское население в числе 74 податных единиц "дымов". Анисимов в 1866 году отметил 76 "дымов" в составе 335 душ. По переписи 1897 г. в слободе Нальчик (округ того же названия) жителей 3202, из них 1040 евреев", см. Еврейскую Энциклопедию на русском языке, изданную в Петербурге в 1904 году, том 11, стр. 511.

В начале прошлого столетия Нальчик стал городом, а после революции – столицей Кабардино-Балкарской Автономной Республики.

"Миллер Всеволод Федорович – изестный русский лингвист и ориенталист (родился в 1846 году); христианин; состоял директором Лазаревского института восточных языков в Москве; с 1904 состоял академиком Санкт-Петербургской Академии Наук. Из его многочисленных трудов отметим: "Реферат о происхождении кавказских евреев" (Древности Восточные, 1889 стр. 16); "Материалы для изучения еврейско-татского языка" – тексты, словарь с введением об истории и происхождении горских евреев, общая характеристика их разговорного языка (татского) и определение его среди новоперсидских наречий (Спб. 1892)", см. Еврейскую Энциклопедию на русском языке, изданную в Петербурге в 1904 году, том 11, стр. 64.

Вас. Ив. Немировичъ-Данченко

Подъ горячимъ солнцемъ

(Разсказы о Кавказѣ)

1—Въ Дагестанѣ. 2—Въ Гуріи и на Чарохъ-Су. 3—Абхазское поморье и Пицунда.

С.-Петербургъ
Изданіе П. П. Сойкина
Книжный Складъ | Книжный Магазинъ
Стремянная, 12 | Невскій, 96

Василий Иванович
Немирович-Данченко

В ГОРАХ ДАГЕСТАНА

Этот рассказ был издан в 1903 году в составе сборника "Под горячим солнцем". Ныне он переиздается в составе данного сборника в 2008 году, то есть 105 лет спустя.

И спросил дагестанский горец-гид у русского путешественника:

Зачем вы выгоняли нас отсюда? Ведь занять эти аулы вам и думать нечего, работать на тех горах, где работали мы, вы еще долго не будете, да и не умеете. Неужели из одной злобы?.. Разве можно лишать человека отцовской могилы и колыбели его ребенка?

И ответил русский путешественник так:

Ни в чьих преданиях, ни в чьей песне не останется памяти об исчезнувшем народе, и скоро, проходя мимо его могил, мимо этих безмолвных и безлюдных аулов, никто не будет знать, какая жизнь кипела на этих обрывах, под этими плоскими кровлями, какие сердца бились там и каких суровых драм были молчаливыми свидетелями эти раскидистые дубы и каштаны. А, между тем, легендой без слов, духом легенды веют эти каменные вершины, так красиво вырезавшиеся на лунном свете, эти темные и серые ущелья, эти заповедные леса.

И только когда из массы дикой поросли вдруг вырвется неожиданно благоухающий розовый куст и аромат белых лилий встретит вас в чаще боярышника и плюща, – вы поймете, что здесь когда-то жило целое племя, сильное и мужественное, – племя, разом исчезнувшее с лица земли, как исчезает дым, рассеиваемый ветром, как исчезает тень от тучки, пробежавшей по небу, как исчезает зыбь на морском просторе. И тихо колышатся эти чудные цветы, и едва-едва шелестит их листва, точно робко жалуется она вам на эту стихийную смерть, смерть целого народа.

1

Ночь в горах.
Трагический злодей Магомад-оглы.

Пахнет с утра жасминами.

Кажется, дышишь не воздухом, а ароматом горных цветов.

Глаз устает следить за извивами ущелий, за гребнями гор, за их вершинами, то выступающими серебряными куполами на яркой синеве чистого неба, то пропадающими вдали, чтобы, минуту спустя, опять замерещиться едва различаемыми контурами. Смотришь, смотришь, пока не сделается больно, и долго идешь потом зажмурясь...

Грохот ручьев справа и слева... Ручьи впереди, ручьи позади... Точно попал в заколдованное царство текучей воды. Поневоле забудешь и неудобный ночлег в горах, и недавнюю усталь, и неудачи на охоте за каменными баранами – турами.

Или во мне совершенно нет инстинктов охотника, или я просто еще не усвоил себе всей прелести этой беспощадной травли – не знаю. Только, как в Лапландии мне жаль было бить диких оленей, так и здесь рука не подымалась целить в эти красивые силуэты гордых животных, словно наслаждающихся с высоты своих неприступных скал громадною панорамою долин и ущелий, раскидывающихся под ними внизу. Говорят, что тур по ветру не подпустит к себе никакого охотника, говорят, что, застигнутый врасплох, он "головою вниз бросается в пропасть и, ударившись лбом о камень, становится на ноги", – не знаю.

Охотники – лгуны по принципу. Натуралисты имеют слабость верить им, ну и Господь с ними... Ведь, расказывал же мне мой милейший спутник, Аду-Ника-Магомадоглы, что жил у них в ауле некто Ходжал-Махи, умевший привораживать туров. От одного взгляда этого дагестанского Немврода каменные бараны делались неподвижными и подставляли грудь под пулю его ружья. Да и ружье у него было тоже заколдованное. Оно само поворачивалось дулом в ту сторону, где находился тур. Ходжал-Махи только и делал, что спускал курок.

– Ну, а теперь у вас таких охотников нет?

– Нет... как русские пришли, ни одного не осталось. Перевелись все. Теперь только Юнус-оглы и ходит на туров из нашего аула. Остальным и дела нет. Молодежь – та тоже портиться начинает... Недалеко время, когда горные орлы домашними курами станут, а мужи, вместо женщин, детей рожать начнут. А все урус!....

И Магомад печально покачал головою.

– Прежде, – горячо заговорил он, – у нас судился народ по адату или шариату. Теперь русские своих судов понаделали... Тут недавно какое дело было. Мальчик Курбан-оглы застал мать свою в поле с Сулейманом, соседом ихним. Разумеется, не добрым делом занимались они. Ну, .а мальчик хорошей крови был, не вытерпел бесчестия и убил Сулеймана кинжалом. Что ж бы ты думал, вместо того, чтобы оправдать его, как было бы у нас прежде, русский суд запер его в тюрьму!

– А сколько лет убийце?

– Тринадцатый только. Совсем напрасно пострадал, бедный!

– Неужели же прежде у вас так бы и оставили это дело?

– Зачем так! Тоже совесть была! Родные Сулеймана стали бы мстить. Правильно дело было бы – кровь за кровь; молодежь смелость и удальство показать бы могла... А теперь?.. Прежде народ честь знал, за обиду кинжалом расправлялся. Мужи были, а теперь бабами стали. Чуть что – к начальству бегут. Какого еще позора ждать? У нас здесь есть один такой, жену свою поймал в кунацкой с гостем. Что ж бы ты думал? – с ужасом обратился ко мне Магома.– Убил он их?.. Нет – жене развод дал, а на обольстителя ее, собачий сын, пошел жаловаться в суд. Просто и жить не стоит нынче... Кто говорит, все мы в молодости на эти дела ходили. Кровь играет, поневоле к соседу залезешь жену воровать. А только мы знали, что голову свою за это несем, что если оплошаем, так и совсем домой не вернемся!..

А ночь действительно, выпала на нашу долю плохая.

Черною пастью лежала еще к вечеру перед нами пещера. Мы забрались туда часа на два, пока не взойдет луна. В потемках нечего было и думать пускаться на удачу. На первом же повороте тропинки и мы, и лошади свернули бы себе головы. Кое-как в глубине грота удалось развести костер. У входа темнела холодная мгла. Злобно шипя, колыхалось пламя, с тихим свистом пробегало оно вверх по ветвям сухого орешника, и когда между ними попадался корень, узловатый и толстый – снопы золотых искр падали на черные плиты. Вверху то клубился дым, то багровый отблеск играл на сталактитах.

Костер погас скоро, только, тускло отгорая, еще шипели смолистые сучья. Около пещеры фыркали лошади.

– Теперь пора! Поедем!

Мы встали и вышли.

Высоко горели звезды в ночных небесах, разливая серебряный свет. Из мрака выступали утесы; вон один прямо перед нами, точно матово-белая глыба. Внизу объятая туманом, долина, как пропасть, легла. Только какой-то огонек на самом дне ее то вспыхнет, то замрет.....

– Костер тоже, – пояснил Магома. – Тоже луны ждут!

Вон бьется и плещет горное озеро, дробится в огнистые искры. Точно призраки, из расщелин ползет, растет и клубится мглистая тьма.

И вдруг... Точно багровым заревом разом облило застывшую в голубом блеске окрестность. Месяц показался за Шайтан-горою. Далеко впереди зазмеились извивы тропинки, массы гор определились. Где прежде был однообразный фон, теперь, легли оттенки ущелий и выступов. За пропастью налево, на склоне горы, засверкало несколько огоньков. Это горный аул, еще незаснувший... Лунный блеск красным заревом лег на его плоских кровлях, обдал багровым отсветом круглую, суживающуюся кверху башню минарета. Новый поворот дороги – и опять перед нами пустынная местность.

И мы тронулись вперед... В убогих ущельях нас охватывала со всех сторон влажная тьма, теплым и несколько душным воздухом обдавало на скалистых гребнях. Приходилось лепиться почти по отвесным скалам, ползти вдоль пропасти, так что кони сплошь наседали на левые ноги, чуть дотрагиваясь до обрывистого края тропинки правыми.

Словно черные пятна на серых утесах выделялись гроты. Некоторые из них искусственные. Одни высечены троглодитами в незапамятную старь, другие – в позднейшие времена жителями окрестных аулов, спасавшимися сюда от набегов осетин валаджарских. Какую эффектную картину должны были представлять эти отвесные стены, когда временное население их пещер раскладывало по ночам огни, когда на высоте воздушной сверкали эти щели, как пламенные жерла, среди окружающего мрака и безмолвия, над обезлюдевшими аулами мирных долин. А на вершинах гор одни за другими вспыхивали зловещие костры, разнося далеко, за десятки верст смутный слух об опасностях осетинского набега.

Встал и зашел месяц. Побледнели яркие звезды. Вершины гор заалели под зарею... А мы все еще были на конях.

Все доступное оку сверкало под заревыми лучами. На изломах утесов, в серебряном дожде небольших водопадов, в водах спокойного горного озера блистали эти лучи. Огнистая вершина Халта-горы казалась алтарем, а вокруг, как цари этого пустынного мира, сияли под зарею своими горящими венцами утесы и скалы в бесконечную даль уходившего нагорья. Огневыми морями раскинулись на нем ледники. А серые туманы под блеском весеннего дня еще клубились в глубоких долинах. Сквозь их разорванный покров кое-где зеленели сады. В одном месте над тучей, точно бирюзовая, голубела верхушка минарета, словно она плавала в волнах этой медленно зыблющейся мглы.

Прелестно начался этот веселый день, приветствуя нас, одиноких странников, запахом жасминов и веселым говором в алмазную пыль дробившихся ручьев.

Тут-то мой кунак и благоприятель Магома печаловался на растление современных нравов в Дагестане.

— Все-таки прежде хуже жилось! — рискнул заметить я.

— Почему хуже?

Магома даже приостановился.

— Убийств было много!

— Может быть, ты и хороший человек, да

урус. У вас у всех руки сильные, да души воробьиные. Разве мужу подобает крови бояться? Разве не весело, когда кругом звенят шашки и порохом пахнет? Эх, было время! Для храбрых людей не нужно было и повода, чтобы поработать кинжалом. Вот тут недалеко случай был: из-за плети триста человек зарезано.

– Это же как? – невольно удивился я.

– А так, что прежде люди были, а не бабы. Сосед у соседа плеть взял, да забыл воротить ее. Хозяин обругал его, он схватился за кинжал. А в это время народ из мечети шел. Весь аул на две партии разделился. Одни пристали к хозяину плети, другие к его соседу, и пошла "веселая игра". Триста мертвых к вечеру и подобрали... Было время!...

Я невольно приостановил лошадь, чтобы на случай быть подалее от любителя "веселой игры".

Магома был человек совершенно искренний. Старик, некогда непримиримый враг русских, один из самых неукротимых узденей Хаджи Мурата, а теперь старшина своего аула, он вырос при такой обстановке, где кровь считалась ни во что, а жизнь человеческая ценилась дешевле цыпленка.

Представьте себе худое и длинное лицо, с длинным, клювообразным носом. Седые космы усов и бороды совершенно скрывают рот, из-под далеко выдавшихся щетинистых бровей неотступно смотрят на вас грозные очи недавнего мюрида, сотни раз встречавшие смерть и, наверное, неопускавшиеся перед нею. Лоб и щеки в морщинах, и каждая врезана глубоко, точно острием кинжала. Сухая грудь, сухие, узловатые руки. На коне сидит – точно прирос к нему. Как будто в противоречие самому себе, тот же мюрид Магома, повествующий о прелестях "веселой игры" и предпочитающий запах пороха и крови благоуханию жасминов, – страстный любитель котят. Даже смешно было видеть эту сумрачную, грозную фигуру, этого "трагического злодея", по-детски забавляющегося с котятами, которых он себе укладывал и за пазуху, и на шею. Того же Магома, несмотря на все его величие, ничуть не боялась аульная детвора. Все это голое, толстобрюхое, но неизменно выбритое потомство при каждой встрече с Магомою непременно потребует от него сказки или лаб-лабы – местного лакомства. И трагический злодей возится с ними, как с котятами!

Судите после того о человеке. Тот же Магома, ради моего, например, спокойствия, готов был сложить голову и искренне обиделся, когда я ему предложил вознаграждение. А что я ему, спрашивается? Магома отличается мягкосердечием и в других случаях. Так, например, если по дороге ползет какой-нибудь жук, трагический злодей непременно объедет его, чтобы не раздавить под копытами лошади. Если где-нибудь на проулочке аула воет паршивая, голодная собачонка, Магома ее подымет, принесет домой и накормит. Тот же трагический злодей Магома славится своею игрою на чунгуре (род балалайки со стальными струнами), на котором играют посредством гибкой корочки черешневого дерева. Магома сочинял сентиментальные песенки и зачастую плакал под звуки своей чунгуры. А про того же сердобольного Магому рассказывают, например, такой случай.

Давно как-то случилось ему быть на одной сходке вне его аула. Несколько человек позволили себе посмеяться над ним и между прочим, намекнули на то, что жену его, Айшу-Мамаат-Кизы, видели как-то с его двоюродным братом в том же положении, в каком исторический рогоносец Менелай застал прекрасную Елену с Парисом. Магома затаил злобу.

Он на сходке никому не ответил ни слова, но, выехав из аула, притаился за первою попавшеюся по дороге скалою. Ждать пришлось ему недолго. Одного за другим – он убил неосторожных шутников, вернувшись домой, зарезал Айшу и в ту же ночь покончил со своим легкомысленным кузеном.

Десять лет после того он скитался по Кайтагу, забирался и в елисуйское султанство, – скитаясь больше по обычаю, чем избегая мести родственников своих жертв... Наконец, во время "замирения" ему удалось покончить с "канлы"и вернуться домой. Тем не менее, понятно, что жизнь его висит на волоске. Старые обиды не забыты, и хотя Магома прочитал убитым молитву "фатиха" и уплатил их близким деньги, ему все-таки добром не кончить! Магома был "тоувадакивти", т.е. принял присягу не пить опьяняющих напитков.

Вот еще случай для характеристики Магомы – трагического злодея.

К нему, как к аульному старшине, приехал "нукер" от окружного начальника для взыскания штрафных денег. Собрали наскоро всех властей, другого старшину Юсупа, аульного "крикуна" (глашатая) Мухамеда. Явился писарь – тоже горец. При этом, как и следует властям, заспорили, откуда начинать, с южного или северного конца аула. Старики, Магома и Юсуп, спорили истово, важно. Со стороны можно было подумать, что дело идет о судьбах целого населения, о чьей-нибудь жизни; наконец, писарь решил перебрать горцев, подлежащих штрафу, с середины.

По узенькому переулочку, змеившемуся вокруг беспорядочно разбросанных саклей, сборщики поднялись к небольшой площадке, на которой, у самой мечети с круглым, суживающимся кверху минаретом, стояла жалкая, убогая сакля первого должника Курбан-оглы. Самого его не было. Вышла жена его, голодная, истощенная женщина.

– С твоего мужа следует три рубля!

Та только широко раскрыла глаза.

– Спаси вас Аллах!.. Да у моего Курбан-оглы и денег таких никогда не было!.. За что?.. Что он сделал?

Мотивы своих решений окружные начальники не объявляют и оправданий никаких не принимают вовсе.

– Женщина, не говори лишнего!..

– Да сжальтесь же над нами бедными, посмотрите, как мы живем!

Жили, действительно, ужасно. Сакля вся состояла из мазанного глиной плетневого короба. В одном отделении его стоял вол и корова, в другом жил несчастный Курбан-оглы. На его жене были лохмотья. Голый ребенок, какой-то жалкий, напуганный, словно дикий зверек, выглядывал из-за дверей и поминутно прятался в душную тьму своего жилья.

– Что тут время терять! – вступился нукер. – Гоните корову. Коли через три дня не внесет штраф, продадим в городе!

Несчастная даже не протестовала. Она только опустила руки, как-то разом поникла и помертвела вся, точно все внутри у нее осело, упало. Пока голодную коровенку выгоняли из хлева, слезы медленно струились по этому закостеневшему лицу. Только когда корову выгнали, она разом рванулась к ней, схватила ее за шею и точно повисла на ней.

– Убить вы нас хотите? Что вон те малютки есть будут, они, ведь, только и живут молоком. Больше у нас ничего нет... Маци, Ахмед!..

Из сакли робко показался мальчуган, за ним едва переступала на маленьких ножонках крошечная девочка.

– У нас корову отнять хотите... – рыдала мать .– За одно и их схороните, все равно с голоду умрут!

Магома по привычке, совершенно бессознательно, достал из кармана горсть лаблабы и протянул мальчику. А на лице сохранялось все то же начальственное выражение, и сумрачные очи также грозно смотрели из-под седых, нависших бровей.

– Вола можно взять! – заикнулся нукер.

– Вол не ее. Вол братнин! – заметил аульный крикун.

– Не хорошо!.. – вдруг вырвалось у Магомада.

Все в изумлении оглянулись на него.

– Не хорошо!.. В самом деле умрут... Ишь какие маленькие!

И жилистая рука легла на голову крохотной девочки. Та даже присела от этой ласки.

– Нам рассуждать нельзя, – объяснял нукер, – мы посланы... велено...

– Что такое говорите вы там! – разгорячился Магома – Кто вас послал? Грабить хотите вы, что ли? У бедных детей кормилицу отнимаите. Что они виноваты в том, что отец их Юсупу дерзость сказал? Виновата она, что ли?

И Магомад подхватил девочку, поднес ее к самому носу ни в чем не повинного и до сих пор молчавшего аульного крикуна – парня необычайно глупого вида. Букашка в сильных руках Магомы раскричалась.

– Что же, ты за нее заплатишь, что ли? – насмешливо спросил нукер.

– И заплачу. Гони корову назад!

– Плати, если богат!

Но роли благодетельного Провидения Магомед не мог выдержать до конца. Точно желая ослабить впечатление, он разорался на бедную женщину. Та, впрочем, обрадовалась и стала перед ним, опустя голову, но уже с просветлевшим лицом.

– Чего ты тут! – кричал Магомад. – Что ты за хозяйка.... Дети голые... Не бьет тебя муж, верно!.. Иш ты, тоже плакать умеет. Приведи детей вечером – платье им дам да хлеба велю своей Заза отсыпать вам!

И он опять заорал и затопал ногами.

Оказалось, что трагический злодей является постоянно плательщиком за свой обедневший аул. Все ему должны. Недостача хлеба, другая какая необходимость – сейчас к Магоме, и он, сохраняя то же суровое выражение лица, поможет в действительной нужде. Да не так поможет, как помогает, например, наш деревенский мироед, заставляя должника работать на себя, идти к себе в кабалу. Нет, Магомад именно давал так, чтобы правая рука не знала, что делает левая. Вот вам и трагический злодей Магомад-оглы!

2

Кай – булагская щель.

Фея духана.

Баба–яга — костянная нога.

Горный пейзаж как-то разом померк. Стало все сумрачно, даже, пожалуй, грозно.

Представьте себе гору, которая треснула пополам. Щель, со стороны незаметная, блестит, как острие ножа, когда тропинка поворачивает прямо к ней. Это даже не коридор, а просто трещина.

– Неужели дорога туда идет?

– Кай–булагская щель называется. Сказывают давно тому назад, когда еще по всему Дагестану и уруса не было, когда "наши" жили, как горные орлы, на всей своей воле, один богатырь проезжал здесь. Десять дней и десять ночей на коне оставался, устал страшно, а тут вдруг крутая гора перед ним. Ему-то ничего, коня ему жаль стало. Вынул он шашку и рубнул; с тех пор и явилась щель эта. Теперь таких богатырей нет!

По мере приближения к трещине, слышался грохот воды, точно сворачивавшей с места громадные скалы.

– Что там, поток?

— Хорошо, что дождя нет, а то не проехать бы!

— Почему?

— А по всей щели, точно облако, вспененная вода бежит. Вниз с откосов ручьи стекают, ну и вздуется, шалит. Раз тут целый джамаат наш сбросило, ни один жив не вышел. На середине горы дождь их захватил. Ну, до выхода они и не успели добраться. Тела ужасно избило водой о скалы. Трудно узнать их было. Сюда вот, в эту долину, снесло. С тех пор так и называем мы ее "мертвой".

Прямо у входа в щель был духан. Плоская кровля его далеко выдавалась вперед, образуя открытую галерею. По столбикам, поддерживавшим выступ крыши, ползли вверх виноградные лозы, переплетаясь в тысячи причудливых арабесок. Сквозь эту зеленую сеть ничего не было видно, зато когда, сойдя с лошадей, мы вошли туда, каким чудным уголком показался нам этот жалкий дагестанский кабак! Сквозь виноградные сети солнце играло на стенах дома изумрудным блеском. На полу, везде, куда ни уходил взгляд, колыхались и вздрагивали тени от этой поэтической арабески. Солнечные блики ложились и на наши лица, и на темный ковер и на длинные цилиндрические подушки. Даже на бурдюках играло оно зеленоватым блеском. Не хотелось сдвинуться с места, – так хорошо и приятно казалось здесь. Тем более, что вокруг духана ложилась сумрачная окрестность бесплодных гор и каменных скал.

– Чей это духан? Должно быть, какой-нибудь армянин выселился сюда из Темир-Хан-Шуры или Кизляра?

– Еврей держит... Горский еврей... Бениогу называется....

Я сейчас же вспомнил целый ряд интересных этнографических данных, приведенных тифлисским ученым Иудою Черным об этой оригинальной отрасли семитского племени, заброшенной на Кавказ еще во время первого существования храма Иерусалимскаго. Полагают, что это – потомки евреев, выселенных сюда Салманасаром. Названный мною путешественник находил между ними имена, употреблявшиеся Израилем еще во время странствования в аравийской пустыне, при судиях и царях, и несуществующие уже у других евреев. Таковы, например, мужские: Мамра, Гамлиил, Аминодав, Нахшон, Эльдот и женские: Авигаил, Шинамит, Темима, Иоэл, Авишаг и т.д. Вообще, только в последнее время кавказские исследователи пришли к убеждению, что главный хребет,

Карталиния и Кахетия некогда, еще ранее Салманасара, были обитаемы каким-то семитским племенем, не оставившим по себе никаких памятников. В обычаях кавказских горцев до сих пор хранятся следы этих аборигенов. Следуя свидетельству Пфафа, по коренному осетинскому праву брат еще недавно был обязан жениться на вдове умершего брата; кроме законной жены, достаточные осетины держали наложниц, дети от которых назывались "кавдасардами" от того, что они рождались в яслях – все это учреждения чисто семитские. Наружность, жесты, говор осетин напоминают евреев, обряды погребения и жертвоприношений во многом сходились с древнееврейскими. У коренных осетин, по тому же указанию г. Пфафа, сын, как и у семитов, остается всю жизнь при отце и беспрекословно подчиняется как ему, так и всем старшим в роде. У осетин встречаются еврейские имена местностей. Что семиты были аборигенами Кавказа и поселились здесь ранее 15 века до Р. Х., доказывается тем, что племена горцев, смешавшиеся с ними и усвоившие себе их обычаи, вовсе не знают закона Моисеева. Против теории заселения древнего Кавказа евреями приводят обыкновенно неимение в существующих ныне языках местных племен еврейских слов. Но кому не известно, что семиты, поселяясь в данной стране, тотчас же почти утрачивают свой народный язык, почему и "лингвистика к этнографии семитов трудно приложима". Ведь, по исследованию того же Иуды Черного, оказывается, что позднейшие, переселившиеся уже при Салманасаре сюда евреи утратили совершенно свой отечественный язык. Еще во времена пребывания св. Нины в городе Урбнисе, в Карталинии, она беседовала с местными евреями на их древнем языке. Точно так же она говорила и с мцхетскими семитами. Но во время персидского владычества в Закавказье здешние евреи усвоили себе древнеперсидский говор, называемый ими фарситским и татским. В смешанном жаргоне горских евреев так мало древних отечественных слов, что, например, в отрывке, приводимом Иудою Черным, на шестнадцать строк их оказывается только два. Евреи, несмотря на последующее мусульманское владычество на Кавказе, остались и до сих пор верны древнеперсидскому языку, хотя во всем остальном, разумеется, кроме религии, они совершенно отатарились. Даже самое имя хозяина духана, куда мы пристали, – Бениогу, дышало чем-то патриархальным, симито-арабским, и вовсе не напоминало нынешних Ицек и Срулей, так же, как кавказские горские евреи вовсе не напоминают своих цивилизованных собратий в Европе, являясь племенем в высшей степени привлекательным...

Мы привольно расположились на тахте. Магомад без церемоний собрал несколько ковров, уложил их один на другой и пригласил меня улечься поудобнее. Сам он отправился поить лошадей. Солнце сквозь виноградные сети светило так ярко, откуда-то наносило такой нежный аромат не знакомых мне цветов, у самого уха так задорно и громко щебетали птицы, что я было стал забывать и оригинальное племя среди которого находился, и исторические изыскания архивариусов науки. Благодатный весенний сон на воздухе уже смыкал веки, здоровое спокойствие, полное лени и неги, охватывало меня всего, как вдруг я приподнялся от восторга и изумления.

Из дверей сакли вышла девушка, которую, право, можно было принять за фею Будь здесь Гейне, попадись ему на глаза это очаровательное видение – мы имели бы прелестную горную легенду. Мне самому стало совестно, что я разинул рот перед красивой дикаркой. Представьте узкий овал лица, тонкого и изящного. Крупные черные глаза миндалинами смотрят на вас как-то робко и покорно. Это взгляд восточной женщины. Черные брови словно чуть-чуть наведены кисточкой – так правилен их изгиб; изящный носик с тонкими розовыми ноздрями , слегка раздувающимися даже и от обывновенного дыхания, и маленький рот; несколько припухшие ярко-алые губки, верхняя чуть-чуть вздернута, не безобразно, а ровно настолько, чтобы показать мелкий жемчуг зубов. А волосы, хоть их скрывал уродливый шелковый мешок позади, но пряди их выбивались над небольшим лбом и назойливыми, мелкими локонами обрамливали тонкие, розовые, сквозившие уши. Распустите по матовой, страстной смуглине этого лица капли две-три крови, настолько , чтобы слегка окрасить лишь щеки, проведите по готовому очерку его также едва заметные голубые линии жилок – и вы поймете , как поражен я был в первую минуту. Желтая шелковая рубаха с широкими рукавами, перехваченная в пояс, позволяла рассмотреть покатые плечи и талию стрекозы, разом почти переходившую в широкие, роскошные линии сильно развитых бедр. Узенькая красивая кисть руки была так идеально хороша, что становилось поневоле досадно на голубые бородавки выцветшей персидской бирюзы, в виде перстней сидевшие на длинноватых пальцах еврейки...

Она заговорила что-то гортанным, приятным голосом. Я, разумеется, покачал головою. Насмешливая улыбка на одно мгновение скользнула по ее лицу и пропала... И снова робко и покорно смотрят эти выразительные глаза.

Увы! Встреченная нами фея Кайбулагского ущелья была первой и последней красавицей среди еврейского населения Дагестана. Может быть, другие мне не попадались, по долгу добросовестного туриста, я должен поведать, что все остальные дамы воинствующего Израиля были очень непривлекательны. Между ними, сверх того, попадаются настоящие татуированные дикарки. И без того грубые лица еще разрисованы разными фигурами, линиями, кругами, трехугольниками. Всего отвратительнее, когда эти знаки наведены ярко-красною краской. Точно кровью расписаны. Мне привелось даже встретить старуху, не отказавшую себе в удовольствии провести по лицу несколько черных черточек, придававших ей, по ее разумению, особенное благородство и изящество. Щеголихи с крашеными бровями и волосами очень не редки. В последнее время, по персидскому обычаю, местные дамы в некоторых аулах наводят багровые колера на старательно отрощенные ногти. Точно концы пальцев в крови вымочены. Все эти легкомысленные Евы в будни одеты очень скверно; не говоря о бедных, и богатые щеголяют лохмотьями... Сверх того, они весьма грязны.

Англичанин, измерявший степень цивилизации количеством потребляемого данною страною мыла, пришел бы в ужас от горских евреев.

– Махлас, Махлас! — послышалось изнутри сакли.

Красавица опять заговорила что-то на своем гортанном языке, обращаясь к дверям, и прошла мимо меня, потупив глаза. Потом оказалось, что Махлас было ее имя. Выкрикивала его очень безобразная старушонка со слезившимися глазами, вся сморщенная, точно всю ее выжимали и свертывали, как свертывают и выжимают только что вымытое белье. Старуха что-то очень долго говорила мне на том же непонятном языке, я сочувственно кивал ей головою, ничего не понимая. По тому, что она взмахивала рукою на двор и произносила имя Бениогу, я догадался, что хозяина дома нет... Наконец, выкрикивания старухи мне надоели, тем более, что с каждым словом она подходила все ближе и ближе, обдавая меня обильным запахом чесноку. Надо было положить предел ее красноречию, и я вдруг с апломбом разразился столь же продолжительною речью на русском языке. Вежливость за вежливость. Старуха столь же внимательно выслушала меня до конца и не менее сочувственно покачала головою.

– Шашлык?... Гох шашлык? – задал я ей вопрос в заключении моей речи.

Она быстро что-то забормотала и опять стала выкрикивать "Махлас, Махлас!"

Фея показалась, но с выражением большого неудовольствия. Я все-таки понял, что дело идет о заказанном мною шашлыке, и было успокоился, как вдруг старуха налетела на девушку и давай орать ей прямо в лицо. Та тоже не осталась в долгу. Брань посыпалась обоюдная. И та, и другая отчаянно размахивали руками, то налетая, то расходясь. Замечательно, что, бронясь, они почему-то выгибались телом во все стороны. Гвалт был страшный. Наконец, старуха схватилась за мешок, в который была упрятана коса красавицы, и вопя, как зарезанная, кинулась из сакли, увлекая за собой не менее крикливую фею. Через минуту девушка вошла вся разгоревшаяся, меча молнии точно округлившимися глазами и не умолкая ни на одну минуту.

Я решился не обращать внимания на ее крики и вынул записную книжку, чтобы внести туда несколько заметок.

Только что я взял карандаш в руки, девушка разом смолкла и с выражением крайнего любопытства уставилась на меня. Я стал писать – подошла, наклонилась. Верно, и этого ей мало показалось – просунула голову между моей головой и книжкой. Положение было не из завидных. Газовое сквозное ухо дразнило меня, а тут еще от головы пахнет какими-то цветами, раздражающе пахнет. Стал я ей показывать рисунки – уселась рядом, глаза так и разгораются. Бинокль увидела – показывает на него; дал я ей – возилась, возилась, чуть не заплакала, добиваясь, к чему он служит. Я ей показал – захлопала в ладоши и захохотала. Потом пенсне с носу стащила , себе надела , да видно глаза заболели, как-то особенно уморительно заморгала и кинула прочь...

– Урус якши!.. — повторяла она, бесцеремонно роясь в моей дорожной сумке. Добралась до какой-то фотографической карточки... вдруг отбросила ее прочь, точно та обожгла ей пальцы. На лице страх, и такой искренний, что я засмеялся опять.

Обиженно заболтала что-то по-своему, но рыться все – таки не оставила.

Будь это в другом месте и при других условиях, я, право бы, заподозрил ее в желании сыграть со мною сценку из старой библейской комедии жены Пентефрия и Иосифа - целомудренного. Щека ее так соблазнительно приблизилась к моим губам, глаза так задорно заглядывали в мои! Мне нужно было все самообладание, чтобы остаться спокойным и равнодушным. А тут еще чуть не на колени села ко мне и красивая нога из-под шаровар видна.

Что это, наивность или "цивили-зация"?

Скорей первое, потому уж очень оно непринужденно и безыскусственно делалось. Ребенок сказывался в этом.

Потом, действительно, оказалось, что Махлас было только двенадцать лет. Как тут не стать в тупик, глядя на вполне развившийся стан и задорные алые губы! Двенадцать лет! Но у нее был уже свой жених, и со дня на день ожидалась свадьба. Помолвлена она двух лет от рождения и с тех пор, по местному еврейскому обычаю, каждую субботу посылала своему жениху фрукты или лакомство. Жених ее отдаривал тем же. Несколько раз в год Махлас дарила ему арагчинь – изящно расшитые золотом и блестками ермолки, за что тот посылал ей серебряные серьги или такие же пуговицы к бешмету, канаусу на платье и т. д. Все отношения их между собою только этим и ограничивались.

Арус (невеста), встретив жениха или его родных, должна сейчас же присесть на корточки и закрыть лицо платком, а за неимением его – широким рукавом рубахи. Думор (жених) должен разыграть ту же комедию и, увидя невесту, "застыдиться".

– Знаешь ли ты своего жениха? – спрашивал я потом Махлас через Магомад-оглы.

– А зачем мне его знать? Я не хочу "быть маслом в воде". Зачем знать своего думора, когда другие невесты тоже не знают своих. У нас обычай такой!

– Да как же вы жить-то будете?

– У него триста баранов есть! Каждый день – плов есть, суп с курдючьим салом. Жирный такой суп. Каждый праздник зурначи (музыкант на дудке) будет, тэпчи (барабанщика) позовет... Танцуй хоть всю ночь.... Хинкал у него и в будни бывает!

– Что это за хинкал?

– Ва... Вкусная вещь! Лучше сахару! Вай-вай, неужели ты не знаешь хинкал? У вас разве не умеют делать его? Да, впрочем, что же вы, русские, понимаете, если хинкалу не едите... Вай-вай, какие вы бедные... Куда же вам, впрочем, и кушать такие вещи!...

И она с искренним сожалением качала головою, глядя меня по лицу, точно утешая в великом несчастии незнакомства с хинкалом.

В тот же день я узнал, что хинкал для смертельно голодного человека действительно недурное блюдо. Это род похлебки. В мясном бульоне варят четырехугольные клецки вместе с уксусом и чесноком. Истинные гастрономы прибавляют курдючье сало, но это уж роскошь. Другие довольствуются взваром из чесноку и мяса.

– А ты кутум любишь? – так же наивно обратилась она ко мне...

Кутум – копченая, густо просоленная рыба..

– А что?

– Вай–вай, вкусная вещь. Что лучше кутума! – И она задумалась. – Нет, шелковый бешмет с серебряными пуговками лучше! – совершенно неожиданно заключил свои признания этот двенадцатилетний ребенок-невеста.

Как я досадовал на свое неумение рисовать! Девочка сама просилась в картину. Каждое движение так грациозно и изящно, – тем более грациозно, что об этом не старались. Ленивые, чисто кошачьи потягивания, приемы, если можно так выразиться, округленные, и вдруг – целым каскадом сыплется детский хохот, и из недавней полной неги женщины разом делается попрыгунья-стрекоза, не знающая удержу своим шалостям.

3
Еврей-охотник, еврей-абрек.
Битва с леопардом.

– Бениогу!... – И Магомад приветливо поднялся навстречу пришедшему.

Махлас точно чем-то смело. За секунду была здесь, и вдруг ее не стало. Будто провалилась, только в воздухе еще пахло цветами, украшавшими ее голову, и последние отзвучия серебристого смеха полуребенка-полуженщины дрожали в ушах.

Я поднялся в свою очередь и, признаюсь, был удивлен типом вошедшего хозяина духана.

Несомненно – еврей, но какие благородные черты, какое выражение силы и мужества в лице, какие спокойные, полные сознания собственного достоинства движения! Если хотите, он даже был красив, несмотря на крупные черты и седые волосы, – красив именно юношеской красотой. Ни одной морщины на лице, ни малейшей слабости во всем. Держится прямо, глаза сверкают весело, задорно...

Разумеется, особенному впечатлению содействовал и костюм Бениогу.

Ловко сшитая черкеска из верблюжьего сукна плотно охватывала его стройную фигуру. Большой кинжал в сафьяновых ножнах у пояса без малейших серебряных блях и украшений. За спиной – винтовка. На голове – папаха. Длинный шелк козлиной шерсти от нее двумя прядями обрамливал лицо.

Он с достоинством поклонился мне и, проговорив что-то, подал руку.

– Благословляет твой приход в его

дом, пояснил Магомад–оглы. – Призывает милость Аллаха на твою голову!.. Будь здесь хозяином... Шалом-алейхем (мир вам)! Да исполнятся желания твоей души!

Это в духане-то! Представляю себе, как бы отдал все в мое распоряжение хозяин еврейской корчмы где-нибудь на проселках Могилевской губернии.

– Тебя без меня принять не умели, – продолжал Бениогу... – Старуха моя из ума выжила, а Махлас молода еще. Прости их за невежество!.. Барух-габо!

И Бениогу, несмотря на усталость, взял сам все мои вещи и отнес их в саклю. Оттуда же он вытащил несколько еще более мягких подушек и пушистый кубанский ковер.

– Так тебе лучше отдыхать будет. Не нужно ли обмыть ноги?

Я было не понял, в чем дело.

Оказалось, очень просто. По словам Магомада-оглы, Бениогу принял меня за ученого – хахама, которые пользуются здесь громадным уважением, доводящим до изумления, тем более, что масса горских евреев совершенно безграмотна. Потом уже из указаний Иуды Черного я узнал, что церемониал приема хахама на Кавказе, в еврейских аулах, очень сложен.

Израиль воинствующий чрезвычайно гостеприимен, и гостеприимен без корыстного расчета. Впоследствии случалось, что хозяева искренно обижались, когда я сам предлагал в пешкеш деньги за ночлег в их сакле. Но когда случайно заберется сюда хахам, то самые богатые хозяева аула и раввин спорят о чести принять его у себя. Хахама вводят в саклю под руки, и пока для его отдыха приготовляют лучший и удобнейший угол, хозяин, а в других местах и хозяйка, обмывают ему ноги. Вслед затем в саклю собираются старшие и почетнейшие люди аула. Каждый подает гостю руки, приветствуя его по-библейски:

— Шалом-алейхем, или барух-габо.

Гость также церемонно отвечает:

— Алейхем-шалом.

Беседа идет очень живо. Заставить гостя молчать — верх неприличия. Посетители сменяются поминутно, и пока хозяин подает угощение, остальные болтают, как сороки, выспрашивая у приезжего новости и в свою очередь, рассказывая ему всю подноготную аульных дел. По свидетельству Иуды Черного, этим не ограничивается приветливость хозяев и аула. Если гость беден и нуждается в помощи, общество помогает ему денежным пособием, наделяет его съестными припасами, и несколько человек неизменно провожают его до следующей деревни.

Не успели мы устроиться поудобнее, как в дверях показались двое юношей, поразительно похожих на Махлас. Только лица серьезные, сдержанные приемы, и в глазах какое-то печальное выражение, повсеместно свойственное семитам. Это скорее, впрочем, сосредоточенность, чем печаль. Юноши более похожи на арабов, чем на наших выродившихся евреев.

Они остались у порога, пока их не позвали.

Бениогу был на охоте с детьми. В одном из самых сырых логов кай-булагской щели они застрелили джайрана и выследили леопарда. Хищник, редкий здесь, только ушел от них в трущобы окрестного чернолесья, где за чащей преследование его становилось невозможным. Джайрана охотники привезли с собою, и я долго любовался на красивые формы изящного животного, без дыхания лежавшего на плотно убитой земле веранды.

– Трудно встретить джайрана внизу, еще труднее убить его! – заметил Магомад.

– Это уже четвертый в эту весну!

И Бениогу толкнул ногою джайрана. И опять показались, значит?

– Да. Из Аварии их совсем выгнали!

– Кабанов не встречали?

– Много тут, в сырых местах. Да нам не с руки бить их!

– Русские дорого платят...

Бениогу слегка поморщился, но, взглянув на меня, сдержался, и лицо стало разом бесстрастным.

Из гостеприимства горский еврей вынес все. Между русскими "ташкентцами"-чиновниками случались и такие, что возили с собою ветчину и колбасы, ели на посуде хозяев и жарили в их печках. Евреи терпели и ни словом не протестовали против этого посягательства на их религиозную совесть. Молчание их вызывалось не раболепством. Городской еврей, разумеется, будет принижаться, но еврей горский сумел бы отстоять свое достоинство. Горский еврей молчал, чтобы "не оскорбить гостя", и решался терпеть из-за этого поношение. Восхвалявшие наше русское гостеприимство допустят ли возможность такого же отношения, например, нашего старообрядца к гостю, который наполнит "мерзостным" куревом всю горницу? Едва ли!..

– Откуда леопард забрался сюда?

– Из Кабарды, верно!

– А разве там их много?

– Немного, но встречаются!

Леопарды водятся по северному и южному склону Кавказских гор; они наносят большой вред местным хозяевам, забираясь в их конюшни и хлева, похищая овец и коз. Они до того обыкновенны здесь, что в местечке Чалмас, верстах в четырех от реки Улу-Кама, в Карачае, убили раз леопарда просто палкой. Вот, что рассказывает об этом местный уроженец.

"У входа в глубокое и узкое ущелье жил карачаевец Исмаил-Бегеюл-Улу. Сакля его, по здешнему обычаю, построена была из цельных брусьев, составляющих сруб, выведенный под земляную крышу. Карачаевцы – скотоводы, поэтому конюшни их, находясь под одной кровлей с саклей, отделены от жилой горницы только стеной, в которой прорублена дверь. В конюшне у Исмаила-Бегеюл-Улу, сверх того, было двое ворот, одни выходили на реку Улу-Кам, другие находились в заднем конце. Вокруг шла каменная стена, образовывавшая дворик, с воротами также. В саклях двери запираются деревянным клином, вставляемым изнутри в дверной порог, для ворот же употребляется не клин, а деревянный засов, для которого по обеим сторонам двери стоят столбы. Между столбами и стеною и ходит засов, делаемый из крепкого и гибкого дерева. Как-то ночью, когда в сакле уже спали, жене Исмаила послышался крик козленка. Она встревожилась и разбудила мужа.

– Вставай скорее! В конюшне зверь ходит!

– Спи! Шайтан тебя задави! Какой еще зверь пройдет сюда!..

Крик повторился, и Исмаил поневоле встал. Но опять все смолкло. Хозяин, обругавшись, улегся.

– Конюшня точно крепость, а ты тревожишься попусту!

Жена его, тем не менее, вышла. Более ста штук коз лежало подле задних ворот конюшни. Засов же оказался задвинутым не вполне, а только наполовину. Ворота показались ей подавшимися внутрь.

Луна светила ярко. Серебряный блеск ее сквозь окно точно курился над массою стада и белыми стенами сакли.

Женщина подошла ближе к воротам и только тогда увидела пеструю лапу, которая, высунувшись из-под порога, держала козленка. Толкнув ворота снаружи, хозяйка прижала лапу, но она тотчас же с силою была выдернута вон. Отворив ворота, жена Исмаила увидела, что какой-то пестрый зверь идет прочь.

Воротясь обратно, она почти не задвинула засова.

– Тебе, должно быть, привиделось! – заключил Исмаил, когда она рассказала ему обо всем. – Леопарды сюда еще не заходили!

Через два часа в конюшне опять раздался крик. На этот раз встревожился и Исмаил. Взяв винтовку, он вошел в конюшню, сопровождаемый женою, у которой в руках был пучек горящих лучин.

На этот раз все козы сбились в кучу к передним воротам и, дрожа, посматривали на задний конец конюшни. Исмаил заметил там пестрое тело зверя, лежавшего над полузадавленным козленком. Свет от лучины, блеснув в глаза леопарду, заставил его бросить добычу и отойти к стене. По ней он стал цепляться, ища выхода. Только что Исмаил приложился, чтобы выстрелить, леопард бросился ему прямо на грудь.

Завязалась безмолвная борьба; ни

человек, ни зверь не уступали. Винтовка нечаянно выстрелила на воздух. У горца другого оружия не оставалось. Ему, наконец, с большими усилиями удалось сбросить с себя зверя, готового опять на него кинуться. Не зная, что делать, Исмаил направил дуло на хищника, который захватил его в рот. Горец несколько раз ткнул изо всей силы в горло, и зверь стал заметно смирнее, выпустив совершенно винтовку. Маневр этот повторялся еще.

Исмаил поднесет винтовку к леопарду, тот схватит дуло в рот, горец и давай заталкивать его в горло. Наконец, леопард стал ловить зубами не конец ружья, а старался поймать его сбоку.

– Жаль ружья, совсем испортишь! – сообразил Исмаил и, бросив его, отыскал в углу сакли деревянные вилы, которые от первых двух-трех ударов разлетелись в куски.

– Принеси дубину скорей! – крикнул он жене, безмолвно смотревшей на эту сцену.

Та притащила первую попавшуюся палку, и она сломалась также. Наконец, Исмаил увидел положенный попрек конюшни дрюк, которым и начал кротить леопарда. Скоро зверь был убит, а наутро сняли с него шкуру, которую потом показывали по всему Карачаю.

Как оказалось, леопард, вторично подойдя к воротам и стараясь вытащить из-под них козленка, все сильнее нажимал их, вследствие чего засов выгибался, а между двумя половинами ворот образовалось пространство, в которое леопарду удалось понемногу протиснуться в конюшню. Тотчас после этого засов своею упругостью заставил ворота захлопнуться, так что зверь очутился в западне.

"Шкура этого леопарда, – говорит г. Петрусевич, – прекрасного, светло-желтого цвета с черными кольцеобразными пятнами. От головы до конца хвоста он длиной в три аршина с четвертью; на кончике же хвоста роговой нарост, отличающий леопарда от других особей из рода кошек".

– Всегда ли так безопасна встреча с леопардом? – спрашивал я у Бениогу.

Тот только покачал головою.

– Леопард – страшный зверь, – пояснил Магомад. – Редко удастся выйти целым, если встретишься с ним. Это самый сильный из всех горных шайтанов!

– Охотятся здесь за ним?

– Бениогу охотился, а другие нет. Опасно.

Случится, что и выстрелить можно, а все-таки обойдешь его мимо. Не вяжись с шайтаном – голова на плечах целей будет...

– А Бениогу случилось уложить хоть одного?

– Бывалое дело. Раз ему только зверь руку помял да плечо исцарапал. Он у нас великий охотник, бесстрашный человек!

– Если это и исключение, то все-таки замечательное. Еврей – великий охотник, еврей – бесстрашный человек!

Бениогу оказался тоже непримиримым врагом и кавказских медведей, которых он бьет здесь десятками.

Во все последующее время мне уже не удавалось встречать таких закоренелых Немвродов между горскими евреями, но по словам лиц, близко знакомых с делом, Бениогу не единственное исключение.

Наш хозяин и не одним этим был славен в окрестном населении.

Давно тому назад отец его убил какого-то табасаранца, задумавшего похитить его дочь, красавицу, судя по ее брату. Вор был пойман "с поличным", то есть когда он перекидывал через седло связанную девушку. Долго не думая, Уфтах (отец Бениогу) убил на месте обидчика. Собрался джамаат и Уфтах был объявлен канлы. Спасаясь от кровомщения, еврей ушел в другой округ, где и сделался абреком.

Изолированное положение абрека, человека вне покровительства законов, ежеминутно преследуемого и поэтому преследующего, в свою очередь создавало удивительные типы. Прежде его тип рисовали следующим образом: Абрек как будто объявлял весь мир на военном положении. Для него уже не существовало уз дружбы или родства. Он не щадил никого и сам ни от кого не ждал пощады. Как шакал, он всю свою жизнь прятался по засадам, выглядывая оттуда жертву, чтобы самому не стать добычею других. Обладая безумным мужеством, он быстро дичал и часто становился ужасом на громадных пространствах. Были абреки, десятки лет заставлявшие трепетать окрестное население. Казалось, что в них замирали все человеческие чувства. Он убивал ради наслаждения убивать. Для него не было женщины – и он поэтому не щадил женщин. На ребенка он смотрел, как на будущего врага. Изгнанный своей родиной, он нигде не находил ее. Один из путешественников по Аравии описывает встречу в степи с бедуином, над которым тяготело изгнание и кровомщение, но тот бедуин был бы агнцем в сравнении с дагестанским абреком. На лице абрека не видали улыбки. Холодный блеск глаз, блеск хорошо отточенной стали, выражение спокойного равнодушия к чужому и своему страданию, изможденные черты и вечная жажда крови, прорывавшаяся в те минуты, когда под влиянием какого-нибудь волнения это напускное бесстрастие сбегало прочь, открывая постороннему тайники глубоко оскорбленной и до конца измучившейся души. Нужно было пережить целые годы отчуждения, по месяцам не слышать человеческого голоса, предполагать везде убийц, чтобы дойти до такого холодного зверства. Во время войны с русскими, абреки обращались и против нас, и против своих. Для них были единственными союзниками такие же изгнанники, как и они.

Человек, над которым не висит меч, человек, знающий, что его жизни не грозит ничего, на совести не лежит никакого черного пятна, – был врагом абрека. Абрек был волком между людьми и человеком среди волков! Абрек и умирал, убивая...

И в то же время, несмотря на установившийся тип абрека, какие великодушные порывы, какие чистые побуждения прорывались в этой ожесточенной природе!

Тот же Уфтах, убивавший, чтобы не быть убитым, помогал каждому, кто, в правом деле, обращался к содействию его сильной руки. Он воровал сам девушек для молодых людей, которым отцы отказывали или которые не могли внести калыма. Он мстил за несправедливость, подставляя свою голову под нож или под пулю. Он раз, безоружный, приехал в аул к отцу убитого им человека и потребовал гостеприимства в его сакле. Зачем? Чтобы помочь старику, о нищете которого дошли до него слухи. Абрек чувствовал себя виновным в безпомощности его и, рискуя жизнью, отдал тому все, что имел сам. Нынешний тип абрека – видоизменился. О нем мы скажем впоследствии.

Бениогу был сыном абрека, абрека-еврея. Понятно, что впечатления детства создали и в нем то же мужество, ту же горделивую смелость. Он бы не задумался сцепиться грудь с грудью с обидчиком, не отступил бы перед чужою угрозой. В нем жили такие порывы страсти, такая жажда сильных ощущений, какие были бы по плечу разве средневековому рыцарю.

Откуда-то сильно пахло гиацинтами. За саклей звонко распевала Махлас, перекликаясь с братьями. Обед, к которому была изжарена часть джайрана, приправляемый хорошим вином, пришел к концу.

— Что же, пора? — обратился ко мне Магомад-оглы.

— Куда же торопиться? Разве тебе здесь нехорошо?

Старик прищурился на солнце, сверкавшее сквозь виноградные сети. Зевнул.

— Впрочем, вечером можем выехать!

— Тогда придется заночевать в пустом ауле!

— В каком это?

— Да тут по дороге. Все, кто жил в нем, выселились в Турцию!

— Переночуем и там!

Серая ящерица быстро пробежала по земляному полу галерейки, оставляя за собой извилистый след и как-то широко расставляя лапки. Еще быстрей мелькнуло мимо красивое лицо Махлас, обдав меня на бегу целым водопадом огневых взглядов. Вон ее голос замирает уже где-то далеко-далеко. Точно какие-то музыкальные ноты относит ветер в сторону. А солнце еще ярче пронизывает колеблющуюся стену виноградных лоз, еще изумрудие...

Сильнее пахнет жасминами и гиацинтами.

Чувствуешь, как кровь приливает к вискам от этого одуряющего запаха.

– Куда ты едешь теперь? – обратилась ко мне Махлас.

– Далеко!

– В большие аулы? А там, должно быть, весело, в больших аулах. Сказывают, дома там до неба, а башни так выше неба.

– А тебе тоже хотелось бы туда?

– Еще бы. Здесь скучно. Братья все уезжают. Одна старуха тетка, да и та больше ругается да дерется!

– Вот замуж пойдешь, тогда попроси мужа в Тифлис тебя свести.

– А что такое Тифлис?

– Большой аул!

– Оттуда к нам шелковые платья возят? И кольца оттуда? Вот хорошо, должно быть, там. Только в больших аулах, говорят, и большие начальники есть. Впрочем, бояться нечего. У меня муж будет богатый. Двести баранов у него!

Вскоре жара спала. Я простился с

гостеприимными хозяевами и пустился в путь. Махлас долго провожала меня глазами.

– Как здешние евреи ладят с русскими? – спросил я Магому.

– Они горцев больше держатся. Русские хуже их. Русские и деньги больше их любят. Русские "расхаживают теперь на нашей голове".

– Да разве вам при русских хуже, чем прежде, что вы проклинаете нас?

– Как тебе сказать? Прежде, положим, и не так безопасно было. Ни шамхалы тарковские, ни уцмии кайтагские, ни ханы казикумухские не обращались с нами так. Но те были орлы между орлами. Хоть и заклевывали, да все же свои. А теперь вот солдат правит у нас всем. В курятник сесть коршуна ведь не загонишь, хоть там и проса вдоволь! Опять же Аллах знает, что у вас на уме. Слыханное ли это дело, чтоб победители так обращались с покоренными? Вы нас не грабите, не уводите детей и жен наших в плен – значит, еще что-нибудь более страшное задумали. Значит, тут есть хитрость какая-то. Не дураки же мы, чтобы не понять этого. В ауле всякий мальчишка знает, что русские задумали какое-то дурное дело и хотят усыпить нас теперь, чтобы в расплох забрать! Теперь в одном ауле хлеба не хватило – русские хлеба дали. Разве враги так делают спроста? Прежде аул рассеялся бы по всему Дагестану подаяния собирать, а тут на местах остались. Нет, нас этим не обманешь. Вы вон и "сихру" знаете. Вы, как древние пираваны (фараоны), чудеса колдовством делаете. Неужели же такие "величайшие грешники" на добро способны? Мы, разумеется, будем жить мирно, пока вы своего хвоста не покажете. Оставьте нам оружие и не берите нас только в солдаты!

– А если и вас станут в войска записывать?

– Все уйдем в Турцию. Мы любим свои аулы. На несколько дней уйдешь, – и то тоска берет, но если на нас шинель наденут, мы уйдем от вас!

Это я знал и без Магомада-оглы. Еще Хаджи-Мурат-Амиров в 1873 году рассказывал, что только одни слухи о запрещении носить оружие и о рекрутском наборе заставляют горцев массами переселяться в Турцию, несмотря на их редкую привязанность к родине. "В их глазах перед солдатской службой самый ад – ничто, хотя мухамеданское пекло похуже дантовского". Вот как, например, плакался один переселявшийся в Турцию:

– Меня не ждут там богатство и радость, но если бы и ждали, то и тогда я не был бы счастлив. Да и можно ли быть счастливым, когда человек покинул родной аул, своих соотечественников, друзей и родных; когда не имеешь возможности посещать могилы своих отцов в пятницы и в день великого байрама и сидеть в кумае на досуге!...

И, зная, что их встретит там нищета, они все-таки уходят сотнями и тысячами.

4
Оставленный аул.

На окрестные горы ложатся синие тени вечера.

По местному еврейскому обычаю, Бениогу отправил двух своих сыновей сопровождать нас до ночлега.

Молодежь весело перекликается, забавляясь эхом, болтает с важным и серьезным Магомад-оглы и на скаку стреляет в ласточек, закружившихся в воздухе.

Мы едва пробираемся по дну Кайбулагской щели. Направо и налево, то стесняя нас, так что мы проезжаем гуськом, то расширяясь, высятся почти отвесные стены. Зелень треплется на них редкими пятнами, горбины и плоскости камня изорваны черными трещинами, где гнездятся ящерицы, и до сумерек неподвижно держатся серые совы. Внизу, по самому дну щели, едва-едва сочится вода, с камня на камень, с уступа на уступ, чистая, холодная.

– Где же это грохот воды слышится? – заинтересовался я.

– А другой большой рукав есть. Он вон в ту косую щель ушел, там и бурлит, ворочая камни!

В одном месте нам пришлось проехать сквозь небольшой каскад. Щель тут суживалась, так что издали казалось невозможным пробраться в это игольное ушко. Мы направились туда гуськом. Там, в этой скважине, сверху вниз обильным дождем сыпался ручей студеной воды. Нас обдало с ног до головы, потому что свернуть было некуда.

– Как не отведут ручья куда-нибудь в сторону? – заметил я.

– Христиане не позволяют. Захотели мы раз очистить дорогу – столько шуму вышло!

– Это от чего?

– Да, говорят, св.Нина нарочно ручей этот

пустила. Креститься не хотели здешние евреи, ну, так она и сделала чудо, – кто не проедет, всех этою водою окрестит. Хочешь, не хочешь, а брызнет. Поневоле! Прежде евреи этой дорогой вовсе не ездили. Горами шли.

– Это неправда! – вставил Магомад-оглы. – Дело иначе было. Окрестный народ давным-давно креститься вздумал. Только реки не было такой, чтобы в нее погрузиться могли. Ну, св. Нина и велела этому ручью выйти. Кто хотел крещение принять, проезжал Кай-булагскою щелью. Святой ручей называется!

Христианские предания живут еще в этой давно омусульманившейся стране. Развалины христианских храмов встречаются повсеместно, и окрестное население относится к ним с суеверным страхом. Шамиль хотел было через своих мулл уничтожить эти развалины, но ни проповеди, ни приказания имама не могли побудить народ разбросать уже нестройные глыбы тесаного камня, разбить следы алтарей и истребить кресты, оставшиеся на стенах. Народ боялся мщения Мириам и верил, что, разорив остатки храмов, он озлобит горных духов, живущих в этих красивых руинах. Как бы ни была плоха

124

погода, иди хоть проливной дождь, мусульманин не станет искать защиты под кровлями и сводами этих церквей. Мне не удалось видеть самому их, но рассказы окрестных жителей рисуют необычно дикие картины горных трущоб, где таятся развалины. В них только и находит убежище смелый разбойник, которому гораздо страшнее погоня пукеров, чем обители горного духа. Туда же забираются молодые пары, играющие свадьбы "у ведьм".

Евреи относятся к этим храмам с меньшим страхом, но все же трогать их не решаются. Вообще кавказский горский еврей не питает вражды к христианству. Невежественные раввины его, поддерживая только обрядности Моисеева закона, чужды фанатизма и исключительности остального Израиля. Кроме христианских храмов, особенно уважаются древние священные рощи. В их заповедную глушь проникают с религиозным благоговением. Тут царит вечное молчание, и громкий голос человека не осмеливается резко нарушать этого спокойного сна вековечных великанов, переживавших целые племена, давно исчезнувшие с лица Кавказа перед нашествием более сильных и мужественных дружин.

В тени этих великанов некогда воздвигались капища неведомым богам, потом древние семиты до Моисеевой эпохи совершали здесь свои таинственные служения. Наконец, тут же царил культ Молоха до тех пор, пока эти священные рощи не огласились гимнами христианских проповедников, смененных в свою очередь проповедниками и вождями ислама. Так же молчаливы, как тогда, так и теперь, заповедные дубровы, и такой же покой царит под их сводами. Солнце редко проникает в сырые чащи, где только шорох дикого зверя да робкое пение мелкой лесной пташки оживляют безмолвные могилы павших религий и исчезнувших народов.

Часто на дне Кай-булагской щели лежали громадные скалы, сорвавшиеся сверху. Объезжать их было трудно и небезопасно. В одном месте недавно оборвавшийся утес стеной перегородил дорогу. Пришлось спешиться с лошадей, взять их под узды и с трудом, медленно переправить их на другую сторону, рискуя на каждой пядени камня, и особенно при спусках, сломать ногу коню или себе – шею. А там опять новый сюрприз. По ветру нас обдало невыразимым смрадом. Магомад-оглы, и тот закрыл себе нос. Мне трудно было дышать, но пришлось пересилить отвращение. В одной из теснин оказался разлагающийся труп лошади. Целая стая воронья разом поднялась, точно вспорхнула, когда мы подьехали к этому неожиданному препятствию. Сверху доносились к нам пронзительные крики потревоженных хищников, в боковой теснине выл голодный шакал, а впереди уже сгущались серые клубы ночной мглы, заполняя всю щель.

– Пожалуй, и ночь скоро?

– Да. Ущелью конец не далеко!

– Значит, еще засветло доберемся!

Мгла становилась все гуще и гуще, редея на более широких площадках.

Евреи запели унылую песню, странно гармонировавшую с пустынной и мрачной обстановкой ущелья. Точно в хор этому меланхолическому рокоту воды по дну теснины раздавался шелест ветра, лениво пробиравшегоя сквозь кай-булакские дефилеи к счастливой и только что оставленной нами долине.

Мои спутники – дети Бениогу – были из числа "образованных евреев".

Здесь, где масса Израиля невежественна до крайности, умение читать уже считалось образованием. По словам Иуды

Черного, в древности среди кавказских евреев было много ученых. Даже талмудские толкователи Нахум Гамабай, т.е. мидийский, жил в старой Шемахе в Ширване, и Симон Шафро, т.е. ученый, писатель, родился в Дербенте. В то время народ находился на гораздо высшей степени умственного развития. Иуде Черному только в Дербенте попался раввин, знающий древнееврейский язык, остальные раввины не имели о нем и понятия.

— Умеете ли вы говорить по древнееврейски?

— Моя амлаярец (я неграмотный)! — отвечали ему всюду.

Большинство евреев не знают и местной грамоты, почему они зависят от мусульманских мулл, которые пишут им письма и разные бумаги. За это муллы получают от общества годовое жалование. Вообще ни евреи к мусульманам, ни мусульмане к евреям не чувствуют здесь никакой вражды. Они отлично уживаются друг с другом, причем татарин с гораздо большим пренебрежением относится к христианину, чем к еврею. Солидарность, существующая между муллами и евреями, доказывает, что здесь неизвестно кагальное устройство, подтачивающее народное благосостояние западного края к выгоде тамошнего Израиля.

Евреи на Кавказе, и именно горские – это то, чем они должны были бы быть везде, не обособленная, в исключительное положение поставленная община, а полноправные, сливающиеся с общею массою населения люди, полезные труженики и производители. У нас еврей-земледелец – нечто вроде сиамских близнецов, двухголового соловья и других чудес. Там евреи занимаются мареноводством, возделывают фруктовые и виноградные сады, для чего не довольствуются собственными землями, но, расширяя свое хозяйство, арендуют участки у окрестных владельцев.

Они же разводят низкие сорта табака, выделывают превосходное оружие, а в последнее время в широких размерах занялись овцеводством. Если хотите, и наши евреи занимаются тем же, но через рабочих крестьян. Черный труд им не по душе. Кавказский еврей везде работает сам, и с заступом, и с мотыгой, и с киркой. Поэтому они и на вид смотрят молодцами и красавцами, и окрестное мусульманство к ним относится с полным уважением, и в грязи страстей не гниют и ростовщичеством, и гешефтом не занимаются, ввиду более производительного и честного труда.

Не ясно ли, как глупо упрекать Израиля, что высасывание жизненных соков из окрестной среды в крови у него, что еврей-ростовщик и плут по природе? Таким он является только там, где целые века его терзали отчуждением, давили презрением, сплачивая в нем искусственно страшную силу племенного эгоизма и прививая к нему кагальные добродетели. Там, где евреи жили в иных условиях, как, например, на Кавказе, они являются и честными, и полезными людьми. Весь народ дурным не может быть, а только дурные люди могут кидать тень на массы.

Еврейские училища здесь помещаются в саклях близ синагог. Несмотря на незначительное число учащихся (по 15 на 200 домов), сакли и тесны, и грязны. "Раввин сидит на земле и на ковре, а вокруг все мальчики. Вместе со своим учителем они кивают головой, читая молитвы или Библию. Печатные еврейские азбуки у них редко бывают, большею частью раввины рисуют на таблицах буквы, алфавиты, и дети учатся читать и писать с этих прописей. Все они пишут на колене, по мусульманскому способу, к чему так привыкают, что на столе им работать и трудно, и неудобно. Самое большое училище находится в Дербенте; оно и чисто и просторно. Оканчивающие здесь курс получают свидетельство на звание раввина или резника. Остальные же школы в Грозном, Хасаф-Юрте, Темир-хан-Шуре и деревнях в весьма жалком виде".

Кай-булагская щель как разом началась, так же разом и кончилась узким выходом в нагорную долину.

Мы оставили внизу густые туманы понизей и по узкой тропинке поднялись на ближайшую вершину. Ясный месяц уже стоял над плоскогорьем, серебрившимся вдали; серебрилась и мгла внизу, серебрились и скалы под его ласковыми лучами. Только глубокие долины казались черными падями там, где туман не заполнял их совсем.

– Хороший аул был!

– Что, где? – опомнился я.

– Куда едем... Большой аул был... Теперь пустеет!

– Неужели никого не осталось?

– Ну! Кому и быть? Целым джамаатом поднялись люди и пошли. Большая часть саклей разрушена теперь, другие сожжены.

– Кто ж их жег, – горцы?

– Горцы? – и Магомад-оглы с негодованием оглянулся на меня.

– Разве мы станем жечь колыбели

наших детей и своих отцов? Под этими кровлями росли мы сами, кто же решился уничтожить их? Пусть ветер да дождь уничтожают, пусть их время рушит. Старость для всякого есть, как для человека, так и для сакли!... Нет... во время войны сожжено... Много аулов сожжено было... Аулы уничтожены, разрушены, сожжены... А те, кто жил в них, давно на чужбине, и ни следа от них, точно их и не было!

Только десятая часть выселившихся в Турцию горцев осталось в живых. Все остальное погибло рассеянное, изголодавшееся. Ни в чьих преданиях, ни в чьей песне не останется памяти об исчезнувшем народе, и скоро, проходя мимо его могил, мимо этих безмолвных и безлюдных аулов, никто не будет знать, какая жизнь кипела на этих обрывах, под этими плоскими кровлями, какие сердца бились там и каких суровых драм были молчаливыми свидетелями эти раскидистые дубы и каштаны. А, между тем, легендой без слов, духом легенды веют эти каменные вершины, так красиво вырезавшиеся на лунном свете, эти темные и серые ущелья, эти заповедные леса.

И только когда из массы дикой поросли вдруг вырвется неожиданно благоухающий розовый куст и аромат белых лилий встретит вас в чаще боярышника и плюща, – вы поймете, что здесь когда-то жило целое племя, сильное и мужественное, – племя, разом исчезнувшее с лица земли, как исчезает дым, рассеиваемый ветром, как исчезает тень от тучки, пробежавшей по небу, как исчезает зыбь на морском просторе. И тихо колышатся эти чудные цветы, и едва-едва шелестит их листва, точно робко жалуется она вам на эту стихийную смерть, смерть целого народа.

Тропинка круто свернула направо – теперь нам пришлось ехать в тени. Лунный свет ярко бил на обрывистый спуск с горы, вырывая его из мрака. В одном месте он сделался отвесным. Громадные массы камня, точно сложенного здесь циклопическою стеною, падали вниз вертикально, серебрясь и выступая на свет каждою своей выпуклиной, каждым углом и изломом. Отвесная стена скоро переходила в выпуклую, она уже висела над долиною. Страшно было смотреть на эту горбину, думалось, – вот-вот, и она рухнется вниз всею своею грузною, тяжелою массой. И вдруг я приостановил коня и с чувством, близким к восторгу, уставился на эту твердыню.

Прямо на ней, на этой горбине, *висевшей* над долиною, точно гнезда ласточек, *висели* сакли. Кто и как их прилепил сюда? Голова кружилась еще внизу, что же должно быть там, на этом словно вздрагивающем карнизе? Прямо с отвеса горы выступала плоская кровля и упиралась в такой же выступ пола. Кровля поддерживалась деревянными столбами, пол был утвержден на балясинах, укрепленных вкось в расщелины скалы. Это была только галерея, веранда, балкон. И таких балконов были сотни – прямо из горы, прямо на отвесе. Самое жилье или выдолблено в скале, в отвесе, или вровень со стеною отвеса возведено над карнизом. Ласточкины гнезда под кровлей колокольни, гнезда, свитые на стенах развалин, жилье каких-то воздушных существ, птицы что ли, – короче, что хотите, только не аул, не село, не обитель человека. Что-то волшебное, призрачное, одуряющее, что-то похожее на сон, далекое от действительности.

А этот лунный блеск, выхватывающий ласточкины гнезда из мрака, этот лунный свет, который точно курится на их плоских кровлях, свет, обращающий деревянные жерди в серебряные колонны, расщеливавшийся камень – в матовые глыбы, свет, на котором только черными трещинами или зевами кажутся входы в сакли и окна их. А еще выше, над этим воздушным аулом, над этими гнездами, унизавшими выдавшийся карниз, величаво дремлют голубоватые вершины гор, подернутых серебряною пылью, крутые, безлюдные, скалистые. Едва-едва ложатся на них тени от впадин и склонов, но этот общий колорит без оттенков, однообразный, рисующий только их профили, делает их еще величавее, еще грандиознее.

Смотришь, – и тянет туда, и манит, и в то же время кружится голова, и замирает сердце. И чудно-очаровательным кажется царство этой лазурно-серебряной ночи. И жаль дернуть уздечку, жаль ступить вперед на шаг, жаль потерять из глаз этот поэтический сон!... Ведь знаешь, что с новым поворотом такой же величаво-прекрасный пейзаж развернется перед тобою, но больно расстаться с этим, к которому привязалось сердце, как будет больно расстаться с тем, который встретит меня на повороте.

– Что это?.. Какой аул?

– Там ночевать будем.

– Значит, это-то и есть безлюдный, оставленный поселок?

Магомад-оглы кивнул головой.

Идти туда, в эту могилу исчезнувшего города? Да, это достойный памятник ему, грандиозный мавзолей эти гордые, траурные вершины!

И ведь нигде ни звука. Точно притаилась ночь и ждет чего-то. Точно вся замершая от восторга, любуется окрестность на яркий месяц, а месяц, весь исходя лучами, любуется на нее. И смотрят они в глаза друг другу, и нет предела их красоте, нет конца их поэтическому счастью.

Прошел час, – мы все ехали, прошел другой – тоже! А аул все там же лепится в стороне. Как-то мы доберемся до него, как?....

Ничего теперь ясно не помню. Точно сон видел и позабыл его.

Представляется только мне, как мы зигзагами подымались вверх по горе, то направо, то налево. Точно в тумане видится впереди фигура Магомад-оглы, то сливающаяся с контурами окрестных скал, то вся выступающая на лунный свет, сгорбленная на малорослой горской лошаденке, стук копыт которой дробится в ушах, один нарушая мертвое безмолвие пустыни, окружавшей нас. Евреи давно отстали и вернулись домой; в горах я был один, – один с моим молчаливым спутником, плотно завернувшимся в бурку. Мне тоже не хотелось говорить, зато думалось и грезилось много.

Помню только, что по сторонам зияли бездны; там курился белый пар. Какое-то озеро блеснуло и опять снова покрылось тьмою, новые клубы мглы захоронили его. Черт знает, что за скалы вставали перед нами, точно сторожевые великаны, преграждавшие путь к сокровищам или заколдованным долинам.

Подымались, подымались, и, когда я опомнился, когда я огляделся, оказалось что аул, ласточкины гнезда, дразнившие воображение там, внизу, оказались далеко под моими ногами, далеко так, что их и разобрать было трудно; только напрягая зрение, я различал плоские четырехугольники кровель, блиставшие точно серебряные дощечки. Мы, следовательно, зигзагами поднялись выше аула, выше тех скал, на которых лепятся его воздушные сакли.

Нужно было спуститься вниз осторожно, медленно, соразмеряя каждый шаг лошади.

Крутизна была необычайная.

Конь почти сползал на передних ногах, вытянутых и упиравшихся на всякую неровность по дороге. Он поминутно храпел и помахивал головою, точно предупреждая меня об опасности. А действительно, промахнись тут только, – и костей бы не собрать!... Даже страшно было долго смотреть вниз. Тут начинались откосы, о которых говорил я, и пропасть, точно пасть какого-то чудовищного, сказочного зверя, зияла под нами, беспощадная, поджидающая, притаившаяся, оскалившая свои зубы-утесы, словно челюсти, расположенные по ее окраинам. Теперь приходят сравнения в голову, а тогда не до того было. Просто замерло все и упало внутри. Даже Магомад-оглы, на что уж человек привычный, а и тот уткнулся в свою бурку и ни слова!... Значит, и ему жутко стало, и ему, старому горному волку, не по себе.

Наконец, мы поехали вдоль карниза.

Встревожили горного орла, мирно отдыхавшего в выбоине старого утеса. Поднял недоумело голову старый хищник и, подпустив нас шагов на пять, медленно расправил крылья и грузно поднялся на ближайшую скалу, откуда долго еще провожал нас его недовольный клекот.

В одном месте тропинка разрывалась. По карнизу прошла трещина поперек его. Вот бы тут в тумане или когда туча на утес уляжется, спокойная и непроглядная, – беда! Трещина шириною аршина полтора, внизу – пропасть. Конь подобрался и как-то боком перешел ее. Я даже и не смотрел вниз, – голова могла закружиться. Карниз то, как оказывается, висел над бездной, выдвигаясь сплошным, большею частью, плитняком. Точно мы в магометанский рай пробирались по узкому, как острие сабли, мосту. Наконец, прямо перед нами блеснули мазанки и сакли оставленного аула, точно кладбище, безмолвные и печальные. Ни собаки, ни человека. Только в камнях шуршит змея, да сброшенные копытами наших лошадей камни пересчитывают всю неровность откоса, дробясь на тысячу сухих, словно щелкающих звуков.

– Смотри, не попади с лошадью куда-нибудь в саклю. Ненадежные сакли то. Кое-где устои расшатались. Пожалуй, еще рухнет вниз вместе с саклей!

Мы добрались до сравнительно широкой площадки. Посредине была куча камней и мусора. Из нее приподымалась только половина разрушенной башни.

– Мечеть была, – сухо проговорил Магомад-оглы. – Ваши взорвали. Вон что осталось! – Махнул он рукою на щебень и камни, сумрачно ответываясь от меня в сторону. Ведь во мне все-таки являлся перед ним один из исконных врагов его народа, один из тех счастливых победителей, что разрушили его мечети, истребили и сожгли его аулы, а братьев его изгнали на далекую, неприветливую чужбину. Этого и горское гостеприимство выдержать не могло. Понятно, что и Магомад-оглы, под влиянием разом нахлынувших впечатлений, не хотел говорить со мною.

Внизу и рядом лепились ласточкины гнезда – сакли... Вверху возносились в недосягаемую высь гордые вершины. А мы, точно мухи, цеплялись по этим откосам.

Наконец, место для лошадей найдено, хоть им до утра придется довольствоваться только тем сеном, которое было с нами.

Их нельзя было стреножить и пустить. Оборвались бы в пропасть. Мы сами чувствовали себя не совсем бодро. Хоть гора эта и карнизы ее держатся целые века, но сообразив, как они висят над бездонным провалом, я невольно задумался:

"А что, как сорвемся и с этими ласточкиными гнездами, и с этим ненадежным пьедесталом аула?"

Мы, действительно, были уже в оставленном ауле.

5

Изгнанник.

— Богатый аул был, большой!.. Должно быть, Аллах прогневался, что предал его в руки неверных!

— Да разве можно жить на таких кручах?

— Орел может, а курице, разумеется, нельзя. Зачем вы выгоняли нас отсюда? Ведь занять эти аулы вам и думать нечего, работать на тех горах, где работали мы, вы еще долго не будете, да и не умеете. Неужели из одной злобы?.. Разве можно лишать человека отцовской могилы и колыбели его ребенка?

Меня поставило в тупик расположение аула.

За той площадкой, где мы оставили лошадей, не было доступа в сакли, примыкавшие задними своими стенами прямо к горной породе. Сакли лепились по отвесу, — понятно, что переход из одной в другую был невозможен. Сверх того, были сакли, построенные на других. Кровля нижней сакли служит полом для верхней, а эта, в свою очередь, подпирает третью. В одном месте было пять ярусов таких сакель. Были и не отдельные, а четырех и трехэтажные сакли, принадлежавшие одному хозяйству.

– Как же тут проходили?

– А по кровлям!

В кровлях оказались большие отверстия, сквозь которые проникали внутрь сакли. В саклях двухъярусных сначала нужно было попасть в верхнюю, а оттуда уже сквозь дыру в полу ее – в нижнюю. Переходы становились еще более сложными там, где приходилось опускаться в пятую саклю, перейдя все четыре верхние. Понятно, что только пешеходы могли попадать сюда. Это, впрочем, оказалось только предместьем аула. Большая часть его разбросана внизу.

Отсюда можно было рассмотреть только силуэты двух круглых башен и какие-то груды стен.

– Отчего же туда мы не пробрались?

– Негде.

– Во всяком случае, там удобнее.

– Молчи, ради Аллаха! Там все выжжено, истреблено, уничтожено.

Действительно, на другой день мы проезжали мимо этих развалин, которые уже захватывает обильная поросль в свои задушающие объятия. Сквозь груды щебня пробивается боярышник, дикие лозы взбегают вверх по башенкам сакель и опускают внутрь, сквозь их пробитые кровли, свои цепкие, змеистые ветви. Кизил, лавро-вишни и барбарисы подступают все ближе и ближе из окрестных лесов, словно враждебная армия, желающая захватить в свое сплоченное кольцо жалкую и разоренную дружину противника – оставленные сады, где еще толпятся, сбившись в кучу, хурма, инжир, черешня, айва и персики.

Виноградные плантации одичали кругом и заполонены сорными травами. На небольших площадках, отвоеванных у гор, хлебные посевы прежнего аула заглохли, и только остатки иригационных работ еще попадаются порою, свидетельствуя, что здесь далеко не дикари жили, а трудилось и измышляло свободное племя, застигнутое нами в период его средних веков. На восточном берегу Черного моря, у адыгов, цивилизация стояла на гораздо нисшей степени развития, но и там, например, обработка земли нисколько не уступала нашей отечественной. Вот что, например, говорит путешественник: черкесы мастера обращаться с своими полями.

Обработанные ими места мудрено обрабатывать кому-либо другому. Они ленятся, большею частию, на возвышенных скалах, на которых, казалось бы, и самая обработка невозможна. Конечно, обработка здесь только ручная, но и она была так тщательна, что черкесы не знали неурожаев. Орудия самые своеобразные, но они отличались прочностью и были хорошо направлены.

Черкесы мастера делать циллы (местные топоры) Пшеница убирается женщинами посредством серпа, но он так мал, что похож скорее на детскую игрушку. Все полевые произведения черкесы перерабатывали у себя дома: водяных и ветряных мельниц они не знали, а размол производили на ручных жерновах 8 вершков в диаметре. Замечательно хорошо они выделывали крупу из гоми. Зато в Дагестане мельницы превосходные, хотя и несколько своеобразного устройства.

В Дагестане обработка земли была еще затруднительнее. Воспользовались карнизами гор или, нарочно изрыв их террасами, горцы свозили туда из долин плодоносную землю на ослах. Сколько раз нужно было повторять эту экскурсию, чтобы образовать узкие полоски земли под посев! Потом сверху, пользуясь каким-нибудь ручьем, проводилась вода по всем террасам, так что ни одна пядень земли не оставалась не орошенной. Затем уже сеялся хлеб, сверху вниз. Так же сверху вниз производилась и уборка жатвы. Такие обработанные террасы и теперь часто встречаются там, где горцы остались на своих местах; остальные представляют мерзость запустения, от которой делается тяжело на душе...

Ведь, в самом деле, всякое оставленное поле, всякое заброшенное хозяйство вовсе не доказывает поступательного движения прогресса! А таких полей и хозяйств здесь тысячи! Есть места, где несколько лет назад приходилось по 3.000 человек на 1 квадратную милю, а теперь и по 30 не начтешь.

– Куда же мы денемся на ночь?

– А вот сейчас выберем место. Погоди!

И Магомад-оглы пошел куда-то по кровлям ближайших сакель.

Я стоял один на карнизе – и странное дело, как будто и не кстати, предо мною разом возникла картина из далекого-далекого прошлого.

Громадная зала, вся заставленная большими черными столами. Лампы низко висят над ними, озаряя головы, наклоненные над книгами. В углах и у потолка сгущается мрак. Черная ночь смотрит в окно. Мы все, мальчуганы, сидим на табуретках, боясь шевельнуться, чтобы не попасть в угол.

– Посторонними занятиями не развлекаться! У кого на столе будет не учебник – в карцер! – свирепствует воспитатель, маршируя по середине зала, ровно и медленно, от стены к стене, как маятник тут же висящих часов. То он выступит на свет, блеснет широкою лысиной, то снова спрячется в сумрак. Худощавая фигурка его напрасно хочет быть величавой, тоненькие ножки старательно отбивают темп: раз, два; раз, два.

Передо мной добросовестно развернут учебник Марго, но зато в немного выдвинутом ящике – один из томиков кругосветного путешествия Дюмон-Дюрвиля. Рядом однозвучно и назойливо кто-то долбит:

"Россияне отличались исстари великодушием и гостеприимством, россияне отличались исстари великодушием и гостеприимством, россияне..."

С другой стороны слышится такая же долбня: квадрат гипотенузы равняется сумме квадратов....

Но мне ничего не слышно... Столько же мешают они, сколько муха, что жужжит около, сколько монотонные шаги дежурного офицера. Передо мной развертываются чудные тропические картины, вечно зеленые пальмы смотрятся в тихие воды бирюзовых озер. Воздух полон аромата. В чаще лиан притаился тигр и зорко выглядывает оттуда, не покажется ли около стройный силуэт ветвисторогой серны. Вверху звенят невидимые хоры птичьих голосов. Ярко сверкая на солнце, ползет громадная змея. И, словно змеи, крадутся к одинокому европейскому путешественнику нагие дикари, готовя свои отравленные стрелы.

И где эти казенные белые стены, где эти черные столы; где эти долбящие уроки товарищи?.. Дыхание захватывает, жарко делается, глаза горят, ощущение чего-то щекочущего пробегает по всему организму. Я сам там, с этим европейцем-путешественником, сам стою с ружьем и жду встречи. И хорошо на душе, и поэтические сны роются в голове, и мысль далеко-далеко бродит, за тридевять земель, в тридесятом царстве.

В таком тридесятом царстве я был теперь и так же жарко разливалась кровь по жилам, так же порывисто дышалось... Совершенно те же ощущения, тот же неопределенный поэтический восторг, только грезы становились действительностью, сны виделись на яву.

– Нашел одну саклю! – прервал мои мечты Магомад-оглы.

Я последовал за ним, с кровли на кровлю. Как все это ветхо! На одной крыше нога моя провалилась вниз, едва удержался на другой. В промежутках между саклями чернели вниз бездонные ямы. Прежде здесь были переброшены мостки, теперь все это лежало далеко внизу, разрушенное, упавшее. Через эти интервалы приходилось перепрыгивать.

Наконец, Магомад-оглы, шедший впереди, провалился сквозь землю. Был – и нет его.

– Магомад! – крикнул я.

– Йо!.. – послышалось, точно из погреба, внизу.

Пощупал ногой – отверстие вниз. Лесенка в нем. Ход в саклю через кровлю. Осторожно спустился туда.

Тьма – хоть глаз выколи. Добрался до пола. Что-то зашуршало мимо, хлопнулось об стену, ударилось в другую. Какие-то теплые, точно шероховатою пленкой обтянутые крылья скользнули по лицу, скользнули вниз вдоль груди. Опять два-три разлета – и летучая мышь шарахнулась в дыру кровли. Противное ощушение! На лице точно зуд. Даже холодный пот выступил на лбу.

Щелканье огнива о кремень и брызги золотых искр в черной, густой тьме. Искры сыплются обильно. Запахло трутом, натертым порохом. Вон огонек рдеет там. Все ярче и ярче. Видно Магомад возится за ним.

– Да ведь у меня спички есть! – догадался я.

Зажгли тонкую восковую свечку, бывшую со мной.

Голые стены. Куча сора на полу. Что-то возится там, только слышен шорох. Шорох и вдоль стен, в которых пустуют темными впадинами ниши. Склеп, могила, только не жилье человека.

– Где же тут спать?

Ни слова в ответ. Магомад возится в углу.

– Да чего ты ищешь там в углу, Магомад?

– Постой!

Что-то заскрипело, точно ржавые петли...

Кунак мой отыскал люк.

– Это еще что за подземелье?

– Сюда пойдем!

И Магомад вторично провалился сквозь землю...

Я, разумеется последовал за ним. В полу был вход во вторую саклю.

Когда я, в свою очередь, провалился в нее, свежий воздух пахнул мне в лицо... Стена оказалась пробитой не окнами, а какими-то круглыми дырьями. Оттуда сюда светил яркий месяц, и ночная прохлада струилась вместе с ароматом цветов, курившимся в долинах... Тут и на полу было чище, да и затхлость могильная не стесняла дыхания.

– Богатый хозяин был, хороший человек... Кунак мой. Теперь умирает в Турции, должно быть....

И Магомад-оглы, насупившись, сел в угол пустой сакли.

Те же ниши в стенах... Днем тут, должно быть, филины да совы гнездятся... Ишь сколько перьев разбросано повсюду... Нежный пух мелких пташек, верно охотничья добыча ночного хищника... Свет луны был так ярок, что мы затушили свечу. Какая-то черная тень мелькнула в окно и исчезла.... Верно большая птица пролетела мимо... И опять тишина невозмутимая.

Я подошел к бойницам.... Эка ширь озаренная...

Точно серебристый пар заполнил весь этот простор... А все-таки жутко было при мысли, что вся эта скала может разом рухнуть вниз вместе со своим ненадежным пьедесталом – карнизом из обветрившегося гранита.

Тут ведь должна быть дверь... Верно и балкон есть.... В одном месте, действительно, что-то сквозило точно лезвие. Оказался выход. Я осторожно приотворил его... Месяц ярко блеснул в глаза и точно занавес приподнялся над всею этою окрестностью.

Признаюсь, впрочем, в своей трусости. На балкон ступить я не решился. Может быть, подпорки сгнили, долго ли рухнуть! Все равно, и отсюда видны и разливы реки внизу, и белые стены аула, тоже оставленного горцами, и черные силуэты гор, оставшихся в тени, за светом.

Какая это чудная пустыня, какое поэтическое убежище.... Право, вполне становится понятно, что фиваидские отшельники не особенно должны были страдать в своем добровольном заточении, гнездясь на вершинах скал среди пустыни.

Магомад- оглы упорно молчал.

Я завернулся в пальто и решился заснуть, не обращая внимания на ящериц, если бы им вздумалось скользнуть около...

Долго ли продолжалось мое забытье — не знаю. Помню, что несколько раз открывал глаза, — встречая все ту же яркую лунную ночь, и опять все мешалось передо мною... Будь тут сноп камыша, – спать было бы удобно...

Но этот жесткий пол давал таки себя чувствовать, особенно после целого дня, за исключением двух-трех часов, проведенных в седле. Наконец, удалось заснуть.

– Кунак! Кунак!

Я открыл глаза.

Надо мной наклонился Магомад-оглы. Месяц бил прямо в лицо ему, и такое на нем было страшное выражение, что я разом приподнялся. Старик весь бледный, в глазах не страх, а что-то растерянное, недоумелое....

– Что тебе?

– Уйдем отсюда, пожалуйста, уйдем! Голос какой-то нервный стал....

– Это зачем еще?

– Шайтан здесь.... Внизу шайтан есть!

Видимо, старается тише говорить, чтобы его никто не слышал. Едва уловишь звуки слов.

– Верно, сова крикнула...

– Говорю тебе, что шайтан... Слышишь?

И он взял меня за плечо. Чувствую, как вздрагивает его рука.

– Ничего нет!

– Постой!

Тишина полная, ни звука... Даже звон в ушах подымается, как всегда, когда кругом царит ненарушимое безмолвие, – тот звон, что похож на отдаленное пение стрекоз в жаркий летний день под солнцем, среди застывшего в безветрии зеленого луга... Но вот... Что это?.. Действительно...

Я сам замер... Страх ли Магомада так заразительно подействовал на меня, или действительно холодно стало, только проняла меня дрожь....

И опять ничего, и опять безмолвие....полное, гробовое...

– Слышал?

Точно ветерок дунул в ухо, так тих был голос моего товарища.

Я только кивнул головою... "Показалось", думаю.

И опять.... опять дрожь проняла.

Это не стон, не крик, а точно отголосок стона, отражение его... Шорох ящерицы по залитому лунным светом пространству пола слышен, но тот тайный, легкий звук как-то прямо проходит к сердцу, пронимает...

Как он ни слаб, но, казалось, если бы мы даже кричали, шумели, ухо все-таки уловило бы его...

Точно вздыхал кто-то внутри горы, и вздох страдальческий, больной проходил сквозь камни невидимыми скважинами и трещинами в оставленную саклю.

– Шайтан....

– Что за пустяки! – опомнился я. – Так что-нибудь!

Но тут мою руку схватила его рука, холодная, влажная. Чувствую, как пальцы его впиваются в мою ладонь, и я вполне понимаю его страх.

Стон слышится громче и на этот раз уже не отголосок, а точно кто-то жалуется внизу... Так дети всхлипывают во сне...

Ведь и не веришь в чертовщину, а волосы зашевелились на голове...

На нервы действовало.

– Что-нибудь есть. Голос слышен именно снизу...

Ведь не с боку, не сверху, а снизу...Это – человек!

– Какой человек будет там плакаться... Шайтан, говорю тебе.

– Магомад-оглы, есть внизу что-нибудь? Погреб, яма, пещера, что-ли?

– Нет, такая же сакля!

– И в нее входят из нашей сакли?

– Вон оттуда!

Магомад тревожно указал в угол.

– Так же, как мы вошли сюда из верхней?

– Да.

– Там что-нибудь есть... Это или женщина, или ребенок!

Магомад стал еще бледнее и судорожно ухватился за меня.

– Ребенок... да... ребенок плачет...Бежать надо, слышишь.... Скорей бежать....

Он часто оборачивается ребенком и плачет, а как сойдешь к *нему*, зубами за горло схватит, прокусит и кровь выпьет... Да, это *его* плачь, действительно, что дитя всхлипывает...

– Магомад, твоя жена, должно быть, похрабрей тебя. Ты бы уж за одно бабьи шальвары надел. Вспомни, сколько тебе лет. Пристойно ли старику, видевшему не раз смерть лицом к лицу, бояться призрака? Может быть, мучится кто-нибудь, нуждающийся в нашей помощи, такой же путник, как и мы!

Старик несколько оправился, но я видел, что на него надежда плоха. Даже равнодушие его, с каким он принял название "бабы" доказывало, что он сильно растерян. В другой раз это не сошло бы мне даром.

– Где вход туда?

Он указал на угол, остававшийся во тьме.

Пришлось вздуть свечу. Пламя светило тускло. С таким же скрипом приподнялась доска люка.

Каюсь, я не решался войти туда. Точно устыдившись своего страха, Магомад-оглы приблизился и наклонился над отверстием входа.

Это уже не стон. Это слова слышны. Точно кто-то мечется в недуге и силится говорить громче, когда мочи нет, когда каждое слово его только вырывается из груди. Слушая этот ропот, так и представляешь себе, как должна судорожно подыматься и опускаться грудь, как вытягивается и выгибается шея несчастного прежде, чем он выдавил из нее хриплый звук.

Магомад уже совсем оправился. Он зорко смотрел вниз и точно припоминал что-то, бормоча про себя.

— Саид-ага! — крикнул он вниз и прислушался.

Стоны прекратились.

— Саид-ага!

Внизу кто-то заговорил, но так тихо... Этого, впрочем, довольно было Магомаду, и быстрее, чем я думал, он опустился вниз. Я постоял-постоял и решился туда же отправиться, "провалиться".

Провалился и – остолбенел.

Куча соломы, должно быть, принесена недавно. Лунный свет сквозь дыру в стене так и бьет туда, выхватывая из мрака лицо трупа, – трупа неподвижного, синего, но с яркими, живыми, воспаленными глазами...

Черные круги легли вокруг них, оттого они словно глядят из рамок, сосредоточивая свою силу. Горбатый нос как-то заострился и посинел у ноздрей. Губы, землистые, сморщенные, едва видны из-под свалявшейся космами седой бороды. Голый череп, угловатый, неровный, так и светится.

В первую минуту только череп да глаза и были различены мною. Какая костлявая грудь! Лунный блеск скрадывал впадины между ребрами.

Выделялись одни кости, точно скелет лежал перед нами. Глаз даже обманывался. Словно кости грудной клетки подымались и опускались судорожно. Видно, что старику трудно дышать было... Что-то хрипело у него внутри. А это разве не рука скелета? Ведь ни мускулов ни жил не заметно. Ноги уходят в темный угол..

– Саид -ага!

Он повернулся, и на минуту взгляд его остановился на Магомад-оглы.. Ни искры сознания. Видно, что не узнает его вовсе.

– Кто это? – спрашиваю.

Спутник мой молчит, пристально разглядывая лежащего.

Поперек полосы лунного света, точно трепетавшей на полу, черная линия посоха и сума... А там далее, в тени, еще два глаза... Еще силуэт... Неподвижно, опасливо выглядывает чье-то лицо.

Я взял за руку Магомада и кивнул туда.

– Айша!

И он подошел к женщине. На минуту лицо ее выдвинулось на свет, точно она хотела показаться Магомаду, и опять спряталось. Но совершенно достаточно было и этого, чтобы рассмотреть другой труп, другие закостеневшие черты....Только они как-то дико выделяются из-за седых прядей волос. Лохмотья едва закрывают тело... Как хрипло говорит она...

Магомад кажется сильно взволнованным. Неужели слезы, у него, у этого старого дагестанского волка?

– Умирать вернулись сюда! – прерывисто сообщает он мне. – Умирать пришли из Турции... На отцовские могилы...

Саид-ага большой человек был... Пять аулов у него под рукой считалось.... А это Айша – жена!

И он опять распрашивал женщину.

– Тайно шли... по ночам. Боялись, что не пустят в старый аул. А им только и всего – умереть на родной земле. Старик неделю уже болен.

Жена ему помогает.

– Отчего же они не зашли сначала в аул к вам?

Могли бы отдохнуть там.

– Вай-вай! Твоя голова да будет здорова. Что это говоришь ты? "Возьми свои мысли в руки". Да их бы там сейчас русское начальство остановило, и вместо того, чтобы умереть здесь, они умерли бы в тюрьме...

Саид-ага, не желая покориться русским, выселился отсюда, со всем аулом, в Турцию. Здесь он был богатым человеком. У него ходили по лугам табуны коней, стада баранов паслись в окрестностях. Вокруг сакли его, внизу там, на целую версту раскидывались фруктовые сады. Виноградники сходили к самой реке, переливаясь с полями пшеницы и посевами кукурузы... Он бросил все. Продавать землю, дом, имущество было некому и некогда; ему не верилось, что оставшихся заставят перейти на другие места и построиться в казацких станицах. Саид-ага собрал, что было, что можно взвалить на лошадей и ослов, и с несколькими вьюками отправился в Турцию, уводя за собой дочерей и сына. Прошло восемь лет, и он возвратился назад, оставив дочерей в гареме какого-то паши, а сына зарезанного курдами, в придорожном рву негостеприимной чужбины. Старика тянуло назад.

Там, среди малоазийских равнин, ему грезилась постоянно родина, ее снеговые горы, ее благоуханные долины. Только бы взглянуть на все это еще раз – и умереть у себя, лечь там, где легли целые поколения его некогда славного и могучего рода... И вот он, словно травленый волк, прокрался сквозь кордонную линию, через ахалцыхский уезд, вступив в Закавказье, прошел Гурию, Карталинию, сумел проскользнуть незамеченным через Тифлис, и все-таки пешком, едва ступая своими старческими ногами, добрался до Дагестана.

Воображаю, как шли сюда эти путники, муж и жена, старцы, опираясь о свои посохи, сгорбясь, шаг за шагом. Сколько месяцев должно было пройти прежде, чем они увидели эти скалы, эти полувоздушные карнизы, эти ласточкины гнезда, прежде, чем он остановился здесь на высоте, с печальным восторгом оглядывая окрестности, где некогда он был властелином и куда теперь возвращается бесправным нищим, хоронясь от света Божьего, от взгляда людского!

Не так ли загнанный, раненый зверь забирается подальше в свое логовище, чтобы молча, без стона, умереть на спокое, не видя за собою погони, не слыша злобного лая остервенелой своры и безумного гиканья забрызганного кровью хозяина.

Говорил один Магомад. Больной только хрипел; жена его молчала, опустив голову, точно она потеряла язык. Видно, что слов не было передать всю тоску, всю муку своего сердца... Видно, что закостенела она от этой боли... Плакала бы, да слез нет... высохли давно, и внутри все жжет.

Стал ей Магомад про своих рассказывать, про родных, знакомых, – и головы не подняла. Видно, все в ней замерло.

– Ах, вы бедные. бедные... Мой аул недалеко... Нужно перенести к себе...

Саид-аге не долго жить!.. А какой

уздень был! Как мы с ним ваших били! В пяти набегах вместе участвовали. С Шамилем на Тифлис выходили... Да, было время! Точно солнцем в голову ударит, как вспомнишь прежнее... Точно заслепит тебя.... Велик Бог и Магомед пророк его. Они знают, для чего испытывают свой народ!...

Глаза мои несколько привыкли к темноте, и я различал, почти всю, женщину, сидевшую в углу: голова ее как-то ушла в плечи, приподнятые вверх, руки сжаты были между коленями. Как должны были изголодаться они!... Магомад-оглы дал ей было мяса. Она только посмотрела на него и опять поникла....

– Абреком был, всегда у Саида прятался... Могучий человек!.. Рабов у него были сотни... Три жены в гареме сидело... Сам Шамиль (да успокоит Аллах святую душу его в раю!) уважал Саида... А теперь-вон...Солома...Точно шакалы его оборвали кругом....

Ай, Саид, Саид!.. Зачем мы еще живем, зачем Азраил не возьмет нас отсюда?.. Лучше бы нас в бою убили, чем так кончать!..

Я понял, что мое присутствие, как бывшего врага, не совсем удобно и неприятно действующим лицам последнего акта этой потрясающей драмы изгнания и смерти... Поднялся наверх, только до самого утра не мог заснуть. Передо мною возникал образ этого умирающего старика, жизнь, полная поразительных контрастов. Приволье горского уздена, богатство, безшабашная жизнь смелого воина газавата – и потом нищенство в малоазиатских деревушках, страдальческое паломничество на родину и безмолвная смерть в оставленном ауле, некогда кипевшем жизнью и силой, а теперь молчаливым, разрушающемся...

Умрут здесь старики, умрут в саклях, где они выросли, где шумели их дети, где умерли их отцы...

Такой же бродяга-турист, как я, случайно, через несколько лет, забредет сюда и на сгнившей трухе соломы найдет чьи-то разбросанные кости...

И никто ему не расскажет о величавой эпопее страданий, совершившихся здесь, в этих голых, разваливающихся стенах ласточкина гнезда...

И сколько таких костей разбросано по Дагестану, в оставленных аулах земли Адыгейской и на восточном берегу Черного моря... Роется в них голодный шакал, выклевывает мертвые очи хищный ворон и, словно торжествуя, каркает с высоты на весь простор этой грандиозной долины....

И только старик чугурчи (скрипач) или дамбурчи, перебирая свою двухструнную балалайку (дамбур), вспомнит, что был когда-то великий уздень Саид-ага, и передаст о нем вольнолюбивой молодежи!..

Магомад только утром вышел из подвала. Он даже не взглянул на меня...

Спустя полчаса мы спускались вниз. Над нами висел карниз оставленного аула. В солнечном блеске орлиными гнездами чернели сакли... Вон там, сквозь эту черную продушину окна, смотрит теперь умирающий... Голубое небо светит ему... Ветерок заносит ароматы горных цветов в его келью... И, в агонии, он станет вызывать свои дружины, что давно лежат в горных могилах, воинственный крик газавата в последний раз надорвет его грудь и, улыбаясь ангелу смерти, замрет старик, воображая, что кругом звенят шашки и льется кровь, что он бешено мчится впереди своих узденей, развевая по ветру священное знамя пророка!..

Молчаливо, покорно., без видений и грез сойдет за ним в могилу Айша... Разве-разве померещутся ей ласковые голоса детей, рассеянных на чужбине... Пахнет благоуханием тех роз, которые давным-давно посадила она в своем садике...

Так тускнеет последний луч заката, так медленно замирает далекая песня!..

– Аллах этого не забудет!....Неужели не исполнилась мера гнева его! – в глухом, безвыходном отчаянии шептал про себя Магомад-оглы, взбираясь на крутой гребень скалистой горы...

А яркое небо безоблачно; весело шумит поток, сбегая в долину, еще веселее свищет птичка в тутовом дереве.

И опять пахнет жасминами...

6
Еврейский аул

Дальше грохот ручьев справа и слева. Медленно продвигаемся мы по дну ущелья, следуя за капризными извивами какой-то речоньки. По ней в эту пору вполне безопасно прошла бы курица, но шумит она так, что я порою вижу только, как мой Магома рот открывает, а слов его не слышу вовсе. Попадает в русло камень, обломок какой-нибудь скалы – речонька пыжится неимоверно, взмыливается вся, перебрасывается через него гремучими струями и, обежав препятствие, долго еще злится и ворчит, вымещая свою досаду на мелких кремнях, на золотистом песке, наконец на нас, неповинных путешественниках. В самом деле, это уж становится невыносимо. То и дело обдает мелкою водяною пылью или хлещет в лицо крупными брызгами. Не знаешь, куда деваться.

Попробовал я было взобраться на откос, но конь мой оттуда торжественно сполз вместе с осыпавшимися глыбами земли и вслед за ними и я, и они очутились в самом русле. Тут и растительность была чахлая; только в трещинах камня зеленели какие-то кусты с ярко-красными цветами, от запаха которых кружилась голова, да точно голубая эмаль по золоту, на ярко освещенных солнцем плешках желтого камня ласково улыбались нам знакомые северные незабудки.

– Что же, скоро? – спрашиваю я у Магомы.

– Аул?.. А если я тебе скажу, разве ближе будет? – философствует сумрачный горец.

– Должно быть, ты и сам не знаешь?

– Пять поворотов, а там долина. Из долины дорога вверх пойдет. Вверху и чул.

– Чул? Что это такое?

– Деревни свои так называют евреи.

– Отчего же здесь так пустынно? Ни одного аула нет.

Хмуро оглянулся Магома.

– Не тебе спрашивать! И тут был аул, – взмахнул он на вершину довольно пологой горы, по откосам которой были разбросаны великолепные купы орешников и ясеней; – и там аул стоял, – показал он головой на темное ущелье вправо, сплошь заросшее одичавшею чащею черешней и яблони. – Назади три пустых аула оставили. Спроси у горного ветра, где их жители. По чужбине в одиночку блуждают, точно так же, как чекалки бродят в их оставленных жилищах. Вон этому шайтану привольнее и лучше, чем такому джигиту, как Саид- ага...

– Какому шайтану?

– Не видишь!

Прямо над нами словно повисла какая-то большая птица, широко разбросив крылья, серебрившиеся на солнце. Большие, круглые, золотые глаза смотрели на нас и, верно, ничего не видели. Встревожил ли его кто из сырого и теплого убежища в нише серой скалы, или сам он поднялся в ущелье в неурочное время? Магома нехотя вытащил ружье, до сих пор мирно болтавшееся за спиной. Небрежно, словно не глядя, навел его – и тотчас же загремели вокруг пробужденные нами окрестности.

Направо и налево, впереди и позади – точно сотни выстрелов. Гулко перехватывает. Каждая скала, каждая гора, отразила их; в каждую пещеру, следуя по ее извилинам и постоянно повторяясь, ворвался этот грохот.

А на песке вздрагивал громадный филин-пугач, переводя маховыми крыльями и поминутно раскрывая клюв, точно ему дышать было нечем.

Еще более недоуменно-пристально смотрели на нас его налитые золотом глаза. Даже и веки не смежались.

– Зачем ты это?

– Его жалеть нельзя. Ты знаешь ли, кто он?

– Птица!

– Какая! Тут прежде, давно это было, злое племя по горам сидело. С шайтаном дружилось, всякого, кто попадал к нему, живого в огне жарило и пожирало. Сакли это племя не знало вовсе. Что звери, голое по лесам шлялось, а вниз, в долины, сходить не смело, потому что наши муллы закляли его.

– Было у него оружие? – заинтересовался

я горною легендой.

— Нет. Дубьем дрались, камнями. Что наши мальчишки — из пращи.

Стало нам тесно, внизу места не хватило, муллы велели в горы идти. Пошли, только каждый кусок земли нам с бою доставался!

— Да ведь как же они дрались, не камнями же остановить вас могли?

— Силы непомерные были. А главное — шайтан помогал им. Сегодня выстроимся, а ночью он, поганый, завалит аул каменьями. Навезем снизу земли для садов — червей пошлет или всю ее песком занесет. Наконец, стали мечеть строить. Что за день сделаем — ночью все рухнет!.. Самые умные муллы думали — ничего придумать не могли, пока не пришел один ходжи, побывавший в Мекке. Ну, тот все сразу понял. Велел найти такого ребенка, за которым грехов нету, да чтобы он единственный был у матери, да чтобы его отец святой жизнью был известен, да чтобы из груди у ребенка луна, в виде родимого пятна, означалась. Десять лет искали — не нашли. Наконец, услышали от проезжего еврея одного, что есть такая семья и ребенок такой, далеко-далеко, в Кабарде самой. Что было делать?

Сказали ходжи. "Непременно добудьте его", посоветовал. Пошли наши набегом. Много крови пролилось, сколько тысяч человек убили – один Аллах да Магомет, пророк его, сосчитать разве могут. Разорили сто аулов, а мальчишку живьем добыли. Привезли к ходжи. "Ну, теперь, говорит, начинайте строить мечеть, только внизу яму выройте". Вырыли. "Посадите туда мальчика, черного петуха и белую кошку". Посадили. "Заложите их камнями сверху".

Жалко было, да что же делать – заложили. "Теперь, говорит, выводите стены – прочно будет". И верно! Прошла ночь – все цело, слышно только было, как шайтан по горам да по ущельям до утра плакал, что власти у него нет, что царство его отошло.

– Ну, а ребенок что же?

– Ребенку что! Его душа прямо в рай. Люди видели, как через три дня из этих самых камней, которыми яма была заложена, вылетела зеленая птичка и прямо в небо взвилась. Откуда ни возьмись, кинулся за ней черный коршун – это шайтан был, – только с неба его громом ударило, так и не удалось ему зеленую птичку добыть. Ну, вот, как достроили мечеть – и аулы начали в горах ставить, шайтан уже ничего не мог нам делать Только дикое племя этого самого святого ходжу поймало, сжарило и съело. Жирный был!

Тут и случилось чудо великое. Все, кто ел его или был при том, разом в филинов обратились, и положено им плакать каждую ночь, так, чтобы все правоверные слышали, как они казнятся. Всей остальной твари повелено самим Аллахом ненавидеть и убивать их; оттого они днем ничего не видят.

Выйди ночью в сад – не заснешь, как начнет плакать этот шайтан над тобою. До утра проплачет, проклятый. Вот здесь какое чудо было, и вот отчего в горах та- кая скверная слепая птица завелась! Нет Бога, кроме Бога а Магомет – пророк его!

Сообщив мне горную легенду, Ма- гома точно сам испугался, что говорил так много. Брови нависли еще ниже, лицо стало еще сумрачнее, и точно закаменел человек – ни слова. Наконец, Магома мало- по-малу вышел из своего оцепенения.

– Ты меня прости! – извинялся он.– Много уж тут накопилось, – показал он на сердце. – Сюда подошло! – И он провел пальцем поперек горла. – А всего обиднее, что и между нашими отступники пока- зались. Под урусом, видишь, жить спокойнее. Точно орел горный курицей стал!.. Такие люди появились между нами, что за барана "могилу матери своей продадут и в бороду мертвого отца плюнут". Вот какие люди! Видно, на них по ошибке мать надела папаху, а не платок. Не даром у нас поют про них: "у кого шашлык есть, у того вы работники; у кого есть буза, у того вы гости; у кого есть девушки, у того вы просители. Не дадут их – только плакать станете. Ой, вы, собачьи рты, саранча голодная! Папаха ваша – тряпка мельничная, ружья на плечах – стебли кукурузные!.. Когда другие воевать идут, вы за жирным пловом сидите, дочери блудниц!..

– Какие люди нынче стали – срам сказать! – жаловался Магома. – За последнее время только один племянник мой, Джафар, настоящим человеком оказался!

Я заинтересовался, что, по понятиям Магомы, соединяется с представлением о настоящем человеке. Оказалось, дело очень оригинальное. Джафар никогда и ничего не просит. Если что нужно, отправится тайком в чужой аул и сам добудет оттуда. Ночью ли, с оружием в руках, хитростью – только никак не с согласия хозяина.

Пить бузы Джафар может, сколько угодно, и пьян не будет, потому что

172

настоящий человек всегда должен быть трезвым, хоть бы целый бурдюк русской водки выпил. Враги всегда завидуют "его дыму", он храбрый молодец, и никто до сих пор не решался вызвать его на доказательства такой храбрости, потому что помнят, как он один на один горного медведя взял. Посватался он за одну девушку, да родные спесивы были. "Нам, говорят, не надо бедняка. Пусть сначала пять коров купит", да и девушка, говорят, другого любила. "Баба подлая тот, кто обращает внимание на это".

– Вот тебе и на – не удержался я.

– А по-твоему как: другого любить, так и уступить? Так может сделать тот, на которого "еще недавно шальвары наде-ты!"

Джафар, оказывается, поступил как раз по рецепту трагического злодея Магомад-оглы. Он подобрал трех сорванцов и среди белого дня, не выходя из аула, схватил несчастную девушку на улице. Пока сбежались на крик ее соседи и родные, он с нею бросился в ближайшую саклю.

Хозяин ее, по горному обычаю, хотя бы и не сочувствовал такому поступку, не смел отказать "храброму молодцу" в при-юте и защите, если не хочет прослыть "собачьим ртом" и "трусливою чекалкой". Двери заперли. Родные девушки и знакомые стреляли в саклю, старались выломать двери, орали во все горло, мать царапала себе лицо, рыдала, но "храбрый молодец" в это время насиловал спокойно свою жертву, предварительно связанную его друзьями, так что потом она поневоле должна была сделаться его женою.

Воображаю положение родных, слышавших отчаянные вопли девушки... Ночью друзья "храброго молодца" Джафара сумели его с девушкой припрятать. Через несколько дней на аульной площади зарезали несколько быков, доставленных Магомадом, угостили весь джамаат, а спустя две недели отпраздновали свадьбу Джафара... И просто, и скоро!

– А если бы девушка и после этого не вышла за него?

– Не может этого быть! – решительно оборвал Магомад.

– Как не может?

– Очень ясно... Ты, как курица, что ночью во сне таракана видела, а проснувшись, не понимает, куда он девался!.. Кто женится на обесславленной девушке? Кто решится?.. Джафар бы над ним всю жизнь смеялся. "Я де полакомился медом, а ты ешь воск".

Таков идеал "настоящего человека" – Джафара.

– В прежнее время он бы мюридом стал, у самого бы Шамиля был! А теперь так, даром пропадает малый!.. Никакого ему дела по душе нет. Не всем же чужих коней угонять. Настоящей "веселой игры" нет нынче, вот в чем беда; не по обычаю живем. "В свой род чужого хозяина пустили, ну и должны терпеть, что он за собой и корову свою привезет туда!" Да! Очень вы обидели нас, очень! И зачем мы вам? Воевали бы, как прежде, что же это за война, что же это за удалая потеха, когда вы у нас колыбели наши и могилы отцов, землю горскую забираете?

Миновали мы и пять поворотов, и наверх взобрались... на хорошо протоптанную тропинку попали. Какая-то скрипучая арба медленно ползла впереди с духтар-эмбер-гухчеги, еврейской красавицей, старательно закрытой со всех сторон коврами, полагаю, что не от чужого взгляда, а скорее от солнца, потому что когда мы поравнялись с этим Ноевым ковчегом, поставленным на колеса, еврейская красавица выглянула оттуда, поразив нас каким-то клювообразным носом, сросшимися бровями и черными глазами, весьма невыразительными, в виде двух коринок, вкрапленных в белое тесто. Разумеется, виски около глаз черной щеголихи были разрисованы шариками и черточками... Удовлетворив свое любопытство, она исполнила горный обычай, опустив на лицо платок.

— Это вторая жена знакомого еврея здешнего! — объяснил Магома, считавший неприличным кланяться женщине.

— Как вторая? Да разве у евреев по несколько жен?

— Чего же ты удивился? По три есть!

Я, разумеется, не поверил, зная, что многоженства у европейских евреев не допускается, но потом сам убедился, что горные кавказские евреи (закон Моисеев не запрещает этого) имеют зачастую по три и по две жены, в чем, несомненно, сказалось влияние племен, среди которых врезались еврейские аулы.

— Одно у них дурно, — соображал Магома, — наши жены мирно живут между собою, а у горских евреев постоянные ссоры. Потому мужья и стараются по разным аулам расселить баб, и всю жизнь проводят, переезжая из одного аула в другой. Несколькими хозяйствами живут.

Мы настигли мелкорослых ишаков с вязанками дров и хвороста; гнал их черномазый оборванец, громадная папаха которого, несомненно, была больше его самого. Тем не менее, у пояса болтался кинжал, а громкий, голос мальчугана раздавался так самоуверенно и смело, что даже Магома сочувственно улыбнулся, если можно счесть улыбкою какое-то вздрагивание седых усов.

— Настоящий муж будет. А между нашими таких мало.

— А это кто же?

— Еврей.

— С чего он такой громадный кинжал надел?

— Это сын одного кунака моего, Мамре... Ты не смотри, что он малый... Этим самым кинжалом он раз от волка отбился. И на дерево лезть не захотел, потому что у него орлиная душа. Стыдно бежать тому, у кого на голове не платок, а папаха, если у него в руке есть кинжал...

Вырастет — большой храбрец будет!

Еврейчик почтительно приостановился, выждал Магомад-оглы и тихо приветствовал его словами: барух-габо (да будет благополучен ваш приезд).

Несмотря на самоуверенность и мужество мальчика, в глазах его просвечивалось грустное выражение, общее всему племени семитов, – что-то серьезное, недопускающее громкой шутки и слишком безцеремонной веселости. На одном из осликов болталось ружье, вскинутое туда пастухом. Ослы ступали мирно, плотно вбивая копыта в твердую землю и звонко позвякивая колокольцами.

Ишаки эти были очень жирны, так и лоснились. Видимо, у хорошего хозяина в руках. Дойдя до самой верхушки гребня и увидев внизу аул, они, точно предварительно спелись, словно по камертону, разом заорали на весь простор. Оглушили даже, так что Магомад сплюнул в сторону... Один из этих певцов был украшен лентами, кусочками алого и желтого сукна и множеством бубенчиков. Он шел впереди, служа для остальных, так сказать, путеводителем. Зачастую, выйдя из леса, пастух пускает таким образом стадо, и оно само, следуя за вожаком, добирается до дому.

Добрались и мы, наконец, до вершины холма.

– Что это? – невольно воскликнул я, приостанавливая лошадь.

Весь противоположный склон был

загроможден саклями. Между ними – ни площадей, ни клочка сада. Одни узкие переулки сплетаются, разбегаются и пропадают в кучах безпорядочно разбросанных саклей. Сады и хорошо обработанные поля точно рамкою окружали этот аул снизу. Глаз не знал, на чем остановиться. Холма не было видно под этим муравейником, кишевшим тысячами жизней и оглушавшим нас могучим гулом громких голосов. Какая разница с татарскими аулами! Туда подъезжаешь – тишина полная.

Тут точно каждый обитатель жалких мазанок считает своею обязанностью орать на весь этот зеленый простор... Словно золотые пластинки, блистали под солнцем, уже заходившим, плоские кровли саклей, выстроенных из камня, на грязи или на глине вместо цемента. Словно дырья, в этих мазанках чернели окна, лишенные рам и стекол, только ставни болтались иногда на одной петле... Груды камней взбирались одни на другие, точно школьники, когда какой-нибудь шалун заорет: "мала куча"! и на опрокинутого им мальчонка валится, сломя голову, целый класс. Одни сакли точно перелезают через другие. Тут несколько мазанок лестницей – маленькие на

больших, а сверху уж совсем микро
скопические... Внизу даже не рассмотришь
точно ложкою размешанное месиво. Цело
море плоских кровель. И как все это люд
но! На улицах бегают пестрые толпы
женщины группами сидят на крышах, точ
но под страхом смертной казни запре
щено им пребывание дома. Румяные от
блески заката, обливая багрянцем и
золотом эту кипень людного аула, еще
более жизни и красоты придают ему. А
там дальше, за аулом, моревом лесным
идет зеленая понизь, и только розовой
змеей, блистая на излучинах своих
расплавленным золотом, вьется узенькая
речонка, пропадая там, где и леса кажутся
какими-то сероватыми облаками... А еще
дальше, только в сторону, стали гранди
озные силуэты главного хребта, вер
шины которого огнистыми коронами и
пламенными кострами сверкают над
закурившимися уже вечерним туманом
долинами...

— Что же это, неужели тут и
мусульмане живут? — с недоумением указал
я на минарет пестрой, точно желтыми
и голубыми изразцами покрытой мечети.

— Нет. Это ихняя мечеть, еврейская

— Синагога?

Оказалось, что горные евреи все свои синагоги строят таким образом. Их не отличишь издали от мусульманских мечетей. Иногда они и расписаны в татарском вкусе.

Еврейский аул, куда мы столь торжественно вступали, принадлежал еще недавно к числу "немирных". Он держался Шамиля, и между мюридами этого властелина кавказских гор было немало храбрецов отсюда.

Магомаду-оглы навстречу слышались приветствия. Мусульманин, презирающий городского еврея, ненавидящий русского, с видным уважением относился к горным евреям. Вообще окрестное население нисколько не отличает себя от них. Случались даже и невероятные сближения. Горцы отдавали дочерей своих замуж за евреев, а зачастую и сами евреи, по местному обычаю, силком увозили красавиц из мусульманских аулов. При таких обстоятельствах иногда начинались бесконечные "канлы с убийствами, грабежами, преследованиями; чаще же враги мирились, и "прекрасная Елена" какого-нибудь горского аула оставалась в сакле у похитившего ее Париса из племени израилева.

Чем ниже мы спускались, тем гуще была шумная толпа. Под конец, не доезжая полуверсты до аула, мы двигались точно подхваченные волною. Нельзя было повернуть ни вправо, ни влево; со всех сторон сплошная стена любопытных быстро переговаривавшихся с Магомад оглы. Сообщительность горных евреев изумительна. Они сами выспрашивали нас обо всем и в свою очередь рассказывали свежие сплетни своего аула. Все это делалось так добродушно, что не тяготило нас! Эта болтливость была без назойливости. Интересовались они всем.

Правда ли, что турецкий султан истребил гяуров по всему лицу Порты оттоманской, правда ли, что в "Тыплизе" женщины перестали носить шаровары, а облеклись в какие-то широкие зонтики? Правда ли, что где-то в течение трех дней видели звезду с тремя хвостами, а белая собака заговорила по-человечьи и войну провозвестила? Правда ли, что в виду войны урус всех евреев заберет в солдаты и заставит их принять христианскую веру? (Еще бы неправда, — подтверждает сосед: — сам мулла Ибрагим сказывал!) А знают ли "многочтимые хахамы" (это- мы!) о том, что в их ауле некая Шуманита только что родила тройню, по местному обычаю, лежа на земле.

"И все мальчики!" – восторгались болтуны. Хозяин (т.е. муж) по этому поводу зажег у себя свечи и развесил по стенам золотые бумажки с именами разных ангелов, которые и новорожденных и мать будут охранять от козней дьявола. Через несколько дней допустят к ней женщин и тогда "мы сообщим вам остальное!" – успокаивали нас евреи, точно судьба трех новых граждан аула нас интересовала в одинаковой степени с ними.

– Хозяин, верно, позовет хахама на торжество обрезания! – додумывались с одной стороны.

– Он богатый. Кур и гусей подадут вволю! – прибавляли с другой.– Можете есть сколько хотите!

– Мать два раза землю с могилы пила!

– Не два раза, а один.

– Ну, ты мало знаешь. Мне сестра рассказывала!

Если роды очень трудны, то берут землю с недавней могилы, разводят в воде и дают выпить страдалице. Не унимается боль – повторяют то же средство, только еще глубже берут такую же землю.

– Не знаете ли вы; помагают ли от лихорадки перья белого петуха? – добивался какой-то старик.

– Да разве они персы, чтобы лечить больных? – возражали ему. – Ты бы старух своих спросил!

– Да они уже лечили. Не помагает.

– А колдун аульный, что же?

– Двух баранов требует, без того не идет.

– Ай-вай, двух баранов! Чтобы душа его бабки подавилась ими на том свете!

– Чтоб ему никогда не есть курятины!

– Вот уж собачий рот, воронье брюхо. Чтобы сакля его отца обрушилась на его голову!

– Подожди, персы приедут, они вылечат!

Магома потом мне объяснил, что сюда в горы приезжают своеобразные аптекари – персидские брадобреи, которые заодно продают и лекарство. Впоследствии уже я узнал из записок Иуды Черного, что цирюльники эти приезжают из Персии и открывают на аульных базарах публичную продажу лекарств и снадобий, приготовляемых из разных трав. Вся их аптека заключается в большом мешке. Каждый медикамент завязан отдельно в грязную тряпку. Относясь к ним с полнейшим доверием, кавказские горные евреи ни за что не обратятся к окружному медику, подозревая, что в русские лекарства подмешана свинина или что-либо трефное.

Персидские медики-цирюльники, как рассказывали мне в ауле Гемейды, имеют средства против всех недугов и несчастий. Они излечивают бесплодных жен и даже не способным мужьям возвращают утраченные силы. Злые бабы могут быть укрощаемы настоем из травы, предписываемым цирюльником, отчаянные пьяницы начинают чувствовать отвращение ко всему хмельному, когда такой маг и волшебник скажет им какие-то три магических слова на ухо. Если муж подозревает свою Пенелопу в измене, ему стоит только принять лекарство, и во сне он увидит всех ее любовников; если жена, в свою очередь, имеет основание думать, что Менелай украсил ее рогами, стоит только прыснуть на спящего водою, проданной персом, чтобы горный Дон-Жуан в бреду назвал имя разлучницы. Если супруги хотят иметь именно мальчика, а не девочку, перс и тут посодействует таинственными чарами; к нему же за помощью обращается и юноша, потерпевший фиаско в своих любовных похождениях, и т.д. Вообще персидские цирюльники здесь соединяют в своих особах все сведения медицинского факультета, с прибавлением разных волшебств, которые оставили бы далеко позади популярную у нас в Петербурге девицу Александрину.

Волна подхватившего нас народа внесла и коней, и всадников в узкий переулок аула. Тут зрители потеснились, но навстречу высыпали новые. Полные любопытства лица мешались в какое-то марево, так что у нас головы заболели от устали. Можно было поручиться, что все население жило постоянно на улице. Тут местный башмачник выделывал чевяки, там сердобольная мать откровенно подмывала своего ребенка.

В стороне на виду спал ишак, а у самого брюха его столь же аппетитно похрапывали двое погонщиков... В переулках, вливавшихся, подобно притокам, в главную улицу, виднелись группы громко оравшего и размахивавшего руками народа. Если бы я не был предупрежден уже, я бы мог подумать, что здесь случилось какое-либо необычайное событие. На площадках сидели кучи болтунов – и то же оранье доносилось оттуда.

В ауле мы опять прошли сквозь строй вопросов, от которых не уйдешь, никуда не спрячешься. Магомад-оглы, сохраняя спокойствие, невозмутимо отвечал, когда его спрашивали, не видел ли он в соседних аулах шайтана, который, говорят, сбежал с Мадлисской горы туда; не портит ли этот шайтан баб по ночам, и что же смотрят муллы: пора де нечистого возвратить опять на старое место жительства.

В открытых лавках заседали такие же болтливые толпы разного люда. Обыкновенно, когда не хватает новостей и местных сплетен, горские евреи рассказывают друг другу сказки о том, как Надир-шах во время оно разорял их, как в такую смутную пору еврейского настроения являлись многоученые и добродетельные раввины, ради которых Бог спасал от гибели горское население. Разумеется, при сем удобном случае не обходилось без чудес. Острые сабли персов отскакивали от священного пятикнижия, устрашенные небесными явлениями враги отступали от синагог, не нанося вреда народу, запершемуся в этих убежищах.

Но вот нашло с юга видимо-невидимо полчищ Надир-шаха. Особенно персы ненавидели израиля, и народу божьему пришлось от врага жутко. Их даже, и в плен не уводили, а убивали. Что было делать? Кала-чирахский еврейский джамаат думал, думал, да и решился выселиться вон. Бросили свои сакли, свои сады, оставили кладбища, где лежали их отцы и деды. Совсем опустел край.

Задолго после того местный хан вздумал дворец строить. Чем тесать вновь камни да украшать их выбивкой арабески, гораздо лучшим показалось ему воспользоваться надгробиями еврейского кладбища. Так и сделали. В три дня и три ночи воздвигли ему громадное кала-чирахское Тюильри; краше этого дворца не было, пожалуй, ни в Багдаде, ни в Мосуле. Разве у падишаха в Стамбуле да у Москов-царя есть лучше дворцы. Да и то едва ли! – сомневаются еврейские сказочники.

Торжествовал хан это событие три месяца и наконец, перебрался в новые палаты. Но тут уже начались такие чудеса, о каких ни одна душа не слышала. Расскажи хахаму – так и он, пожалуй, не поверит, потому что ни в одной книге чудес таких не найдешь.

Каждую ночь стены дворца оглашались рыданиями. Плакали камни! Мало этого, со всех ограбленных кладбищ еврейских приходили сюда плакать мертвецы, лишенные своих надгробий. Кто проходил ночью, тот видел, как белые фигуры становились каждые у своего камня и, прислонясь головой к нему, причитала до утра. Ветер разметывал во все стороны их волосы, разбрасывал белые саваны, но не мог заглушить их отчаянного вопля.

Наконец, через неделю умерли ханские дети. Ни одного в живых не осталось; после них умерли его жены; в пятом акте этой горской мистерии умирает сам хан, все его приближенные; все, что дышало в этом дворце, – все погибло. Не осталось ни одного коня, ни одного пса, даже несчастные кошки подохли. После того и мертвецы перестали посещать это гибельное для всего живого место.

Через пятьдесят лет здесь попробовали вновь поселиться люди – и опять вымерли. Развалины, говорят, стоят и до сих пор, мрачные и безлюдные. Татары мимо них и ходить боятся. Смельчака пожалуй, мертвецы задушат, как задушили они хана, не пожалев ни жены его, ни детей, ни садов, ни осла, ни всякого скота его.

Легенда объясняется очень просто. Камень на могилы употребляется здесь ноздреватый. В нем, может быть, сохранились испарения от гниющих под тонким слоем земли трупов, и первые обитатели сказочного дворца в знойное лето погибли все от зараженного воздуха этого горского Тюильри.

Вот круто вниз сбегает узенький проулочек. По правую и по левую сторону его журчат ручьи по каменьям. Везде сакли с лавками и мастерскими. Оттуда гремят молоты, слышатся татарские песни, популярные в среде горских евреев. Голые до пояса работники выскакивают поминутно на улицу, поболтают с соседями и опять за дело.

И все это стремглав, все это сгоряча, точно над ними рушится крыша или земля проваливается под ногами. Переулок оказался, к удивлению, вымощенным, но не на радость нам. Из сакел выливают сюда всякую неподходящую жидкость.

Поэтому спуск до того скользок, что моя лошаденка раза два разъезжалась, широко раздвигая ноги. Наконец, толпа, сопровождавшая нас, помогла горю. Несколько человек уцепились за хвосты лошадей и в то время, как последние скользили вниз, живые тормазы тянули их за хвосты назад. Шествие это было столь комично, что я несколько раз принимался хохотать, потешаясь над серьезною важностью Магомы, принимавшего помощь сановито и благосклонно, как нечто достойное и неизбежное. При этом "носители хвоста" оглушали нас криками, подобных которым мы нигде не слышали. Я думаю, что от этих воплей другая, не горская лошадь давно бы стремглав кинулась вниз, оставив хвост, как трофей победы, в руках у неистовых горланов.

Чтобы понять оригинальность этой картины, представьте себе пестроту народа, горячий свет уже заходящего солнца, обливавший и нас, и нашу свиту, серые мазанки, и зеленую лесную долину внизу, и молчаливые силуэты туманных гор по сторонам.

А ночь уже наступила и, по мере того, как гасла река, как контуры леса

теряли своеобразные формы и сливалис
в одно синевато-серое море, как из-по
наших глаз в синие сумерки уходил
узкие переулки людного аула, как н
западе розовая полоса все узилась
узилась, – смолкали и говор толпы,
бряцание бубенцов на ослах, шлявшихся
на улицах, и песни молодых девушек
ткавших на кровлях своих сакель пестры
снурки, производством которых славятся
еврейские аулы горного Дагестана.... Скор
из тихого, словно ползком разбегавшегос
гула громко выделялся стук от копыт
наших лошадей да гул речонки в поро
гах. Толпы, провожавшие нас, поотстали
Каждый торопился домой.

Сумерки сгущались.... Чем ниже спус
кались мы, тем становилось сырее
прохладнее. Тут уже подымался туман... И
вместе с туманом донеслось к нам бла
говонное дыхание азалий, смешанное
дивным ароматом кавказской дафны..
Скоро направо и налево сакли стал
пореже; мы выезжали на край аула, где
жил кунак Магомад-оглы.

Вот в тумане сверкнул огонек, и кто
то взял под узцы мою лошадь.

– Барух-габо...

– Шелом-алейхем...

Чувствую, что кто-то держит стремя; пора бы с лошади сойти, а голову так и клонит, глаза смыкает дрема... Должно быть, страшно затомился за весь этот богатый впечатлениями день, да и запах цветов душил до одури; а тут еще откуда-то только что распустившимися миндальными деревьями пахнет!.. Или, может быть, лавровишни зацвели... Это их густой аромат.

Последнее впечатление – какое-то бородатое лицо внизу да крупная золотая звезда в вышине темно-синего ночного неба... Потом унылая, за сердце хватающая песня, но слушал ли я ее действительно, или во сне приснилась – хоть убейте, ничего уже не помню.

7
Израиль воинствующий у себя дома.
Удивительно замирает мысль в царстве горных вершин.

Кругом все так громадно. В гордом величии стоят эти гиганты, блистая снеговыми коронами и подпирая недостигаемые голубые выси. Беспросветною глушью лесною одеты их крутые подножья. Вечно зеленые остролисты заполнили ущелье. В их сыром и молчаливом сумраке мелькают ветвисторогие головки красивых козуль. С нагорных скал гремят неугомонные водопады, неизвестно сколько тысячелетий долбя вершины серых утесов внизу, и бегут дальше кристальными ручьями. Вьется такой ручей по сырому лесу, пробивается сквозь массы гниющих ветвей бурелома, опрыскивает холодною влагой громадные оранжевые грибы, точно шапки чьи-то, разбросанные по мягким низинам. А в миндальную рощу попадает – весь розовыми цветами усыплется.

И не видать чистых струй под этим благоухающим слоем лепестков, свеянных тихим ветром с ветвей, тут же чуть-чуть вздрагивающих над ними. А там, дальше, где миндальным рощам конец, целое море фиалок. Зайдешь сюда – спрячутся за раскидистыми вершинами обступивших тебя каштанов горные выси – и снова работает мысль, снова чувствует она свою мощь! И любо ей среди зеленого царства, и привольно ей под этими тенистыми сводами.

Проснулся я рано, и первое впечатление было – эти чудные горы с каменным великолепием их утесов, со смутными призраками туманов, цеплявшихся, меняя свои очертания, за темные скалы с густою синью ущелий. Тянуло туда. Эта заманчивая синь особенным образом действует на душу, она неизвестностью своей околдовывает. Ведь знаешь что и там такие же плоскокровельные аулы, а чудится все-таки что-то сказочное, зовущее, неведомое. Тут точно все изведано, все опостылело, а настоящее, поэтическое, ласковое, обязательное – там, именно за этой таинственною синью.

– Хахам, хахам!.. – послышалось позади.

В окно смотрит кудлатая голова, за нею Магомад-оглы.

В сакле уже горел камин, и в огне его пыхтел и ворчал маленький котелок.

Точь-в-точь лапландская тупа; из грубого камня сложено устье камина, глиняная труба доходит до крыши. Закрывают ее также доской, придавливая ее камнем. Одно неудобство в этих саклях: в нее не входить, а вползать приходится. Дверь низенькая. А из комнаты в комнату еще и того хуже: какие-то норы, звериные лазейки. Зато чисто очень. Стены, видно, смазываются часто известкой, глиняный пол убит плотно, и на нем нет никакого сора. Разная посуда так и блестит на полках, высокие кувшины по углам с изящной резьбой. Есть и серебряные, те на виду красуются, вместе с громадными медными подносами, на каждом из которых легко могла бы поместиться одна из семи тучных коров, виденных во сне Фараоном. И зеркала даже есть, но вроде наших деревенских, показывающие два носа вместо одного, какое-то строфокамилово яйцо вместо глаза и что-то вроде колоссального ежа вместо кудлатой головы нашего хозяина.

Вокруг зеркала – шашки, пистолеты, ружья, кинжалы, даже два турецких ятагана. Пистолеты в серебряной оправе с чернью, ружья с серебряной насечкой. Постели до потолка и сундуки один на другом довершают убранство комнаты.

Кровля поддерживается деревянной балясиной, вроде очень не изящной колонны. Она вся увешана оружием. Тут целый арсенал. Горные евреи столь же гордятся этими смертоносными орудиями, сколько гордятся ими чеченцы и лезгины. Оборванец из этого израиля воинствующего, поражающий вас невозможными лохмотьями, откровенно выказывающими все прелести его сильного, хотя и не совсем красивого тела, непременно щегольнет парою пистолетов с окованными в серебро головками или великолепным кинжалом со сплошь унизанною бирюзою рукоятью.

Тут, в горнице, кунацкой, даже очень красиво было. Свет яркого дня бил прямо в открытые окна и выхватывал из сумрака пестрые разводы шелковых материй, развешанных по стенам, пурпурные наволочки круглых цилиндрических подушек, одеяло из ярко-зеленой мови, и в тысячи искр дробился, скользя по целому арсеналу разного оружия. Какая-то бабенка с завешанным лицом внесла и разостлала кубинский ковер.

Если бы я был настоящий хахам, то есть еврейский ученый, для моего приема хозяева исполнили бы целый ряд церемоний. Целый день меня осаждали бы посетители толпами. Вся подноготная аула раскрылась бы передо мною в их рассказах, потому что "гостю не должно быть скучно ни под каким видом". В свою очередь и я бы должен был рассказать тысячу раз, зачем, куда и откуда еду, и что я встречал на пути, какие народы видел и каких обычаев эти народы держутся, сообщить все новости виденных мною стран, рассказать о своей семье и своем городе все, что знаю, толковать о политике Фиренгистана, о коварстве инглиза, об ученых муллах, к которым, несмотря на свою веру, евреи относятся с величайшим уважением.

Нельзя точно определить, к кому они чувствуют больше почтения – к раввину или мулле, который пишет им всевозможные бумаги, дает им советы, служит для них чем-то вроде мирового судьи, посвящает их в таинства магии и чародейства.

Хахама, если он беден, наделят деньгами и хлебом и проводят до следующего села, так что ученый раввин может пропутешествовать по всем горным аулам израиля воинствующего, не истратив ни копейки. Напротив, еще с собою привезет небольшие деньги.

Хозяин мой оказался человеком очень недюжинным. Это был настоящий тип воинственного горца. Магомад-оглы рекомендовал его, как храбреца, не раз во время оно схватывавшегося с нами. В самом деле, Мамре-ага (почему мой проводник произвел его в "аги" – не знаю) из молодежи своего аула, в ответ на призыв Шамиля, составил небольшой отряд, который сильно беспокоил русских.

К этой отчаянной шайке примкнули некоторые окрестные мусульмане, вовсе не считавшие позором подчиниться вождю из племени израилева. Мамре-ага был не только воинственным горцем, но и ловким шпионом считался – разумеется, для своих. Явится, бывало, в русские войска под видом торговца, высмотрит все, не упустит случая с выгодой распродать баранов или битую дичь, а ночью – руководит набегом и сам во главе своих узденей вихрем врывается в успевшие построиться и ощетинившиеся штыками колонны.

На лбу и на щеке у Мамре до сих пор громадный рубец багровеет – след от сабельного удара лихого кубанца, который, впрочем, сам попался ему в плен и целую неделю высидел у него в яме под саклей. Нужно было посмотреть на яму, чтобы убедиться, как скверно здесь было пленному. Земляные стены, окно сверху, если считать окном дыру какую-то, – ничем не лучше бухарского клоповника.

Сверху в дождь, льет, а вздумается хозяину или остервеневшим бабам закрыть отверстие доской – хоть задохнись там, среди невыносимого смрада и беспросветной тьмы...

– Ну, а потом что же было?

– Заболел, совсем с лица опал: заговариваться стал. То песни поет, то плачет, – ну, и пожалели его!

– И умер?

– Нет, мы его взяли оттуда. Вывели, в сакле жил. Только на цепи.

Потом Гаджи Мурату продал его!.. Пять туманов взял.

И все совершенно равнодушно, точно он медведя поймал, подержал его на цепи, а потом и сбыл выгодно любителю.

– Зачем же больного-то на цепь сажать?

– Да разве он баба?– Он мужчина. А мужчину только цепью в плену удержишь. Не обрежь орлу крылья, выше облаков подымется, так и "настоящий человек"! – изумлялся моей недогадливости Мамре-ага.

Я стал было ему объяснять, что за границей пленных освобождают на честное слово.

– Вот еще что выдумал!... Это не мужи, это бабы, только они по ошибке папахи надели. Им бы канаусовые шаровары, да замуж их отдать!... Что они, разве курицы? В курятнике и свободно, только ястреба там не удержишь. Только для курицы в курятнике довольно места... Воробью отвори клетку – и он вылетит на свободу!

Мамре-ага славился особенным искусством устраивать засады.. Тут по всем окрестностям у него не было соперников. Рассказывали про такие случаи, где не знал я, чему удивляться, дерзости этого израильского кондотьери или его мужеству. Во главе пяти-шести человек ему удалось пробираться за русскую цепь, в район, занятый отрядом, и там, высиживая по десяти, двенадцати часов в кустах или в траве, выхватывать несколько жертв. Раз, таким образом, он выцарапал чуть не из середины лагеря какого-то юного офицерика, который, впрочем, недолго был в горах.

Повторилась история "Кавказского пленника". Русский бежал из аула в сопровождении одной из местных красавиц.

– Одно скверно, когда ваши с собаками приходили. Тогда нельзя было. Собаки все вынюхают.

– Этакая собака одна целого отряда стоит!.. – прибавил Магомад-оглы.

У нее сердце и мозг – человечьи! – философствовал он.

– Она не только в бою, она и так выискивает горцев, следы открывает, за версту его чувствует.

– А когда до драки дело дойдет, собака впереди. Прямо за горло хватает. И любили же их ваши солдаты! Раненых из бою выносили, лечили в лазаретах своих. Холодно – под шинелями держали. С солдатами собаки эти спали вместе, ели из одной чашки.

Раз мне удалось живьем захватить такую в одном набеге. Привезли домой, думали, к себе приучить. Нет! Ничего не ест, только воет все, а подойдешь – зубы скалит и в горло вцепиться норовит. Застрелили. Что с ней делать было иначе?

ооооооооооооооо

Удивительно, сколько может съесть еврей во время праздничного обеда, каким считается обед, устраиваемый по поводу приезда гостя.

Куда нашим извозчикам на постоялых дворах! Тут – без конца. Пять раз обнесут пловом, по три раз за хинкал принимаются. На кутум насядут – все уничтожат, что подано, а в антрактах, для разнообразия и возбуждения аппетита, головки лука и чеснок – нещадно истребляются! А тот же еврей в будни у себя за столом, кроме чурека да чеснока, ничего не видит и сыт, и доволен бывает. Тем не менее, я думаю, что таких растяжимых желудков ни у кого нет.

Большое внимание и особенная честь со стороны хозяина, если он сам, собственными своими пальцами, разорвет для вас вареное мясо на куски или точно таким же порядком предложит вам копченую рыбу... Еще странный обычай. Встречая евреев в России, и особенно в западных губерниях, вы привыкли к их умеренности. Народ трезвый; пьяный еврей – редкость. Нравы израиля воинствующего не таковы. Вино они пьют до остервенения. Тосты провозглашают один за другим. Право, подумаешь, что это наши братья-славяне.

–Здоровье твоего деда! – обращается к вам хозяин, когда весь наличный состав более близких родных истощен.– Хороший человек был! – заключает он, точно очень близко знаком с ним был.

– Большой джигит! – прибавляет другой, думая, что все это вам доставляет особенное удовольствие.

Пьют все, желая здоровья вам и мирно почившему предку вашему. Вы пробуете объяснить, что "большой джигит" давным-давно в земле сырой. "Ну, все равно, там ему будет лучше"!.. – И они благочестиво возносят очи горе.

– За кунаков кунака твоего! За братьев друга твоего!

Пьют.

– Чтобы пистолет твой никогда не давал осечки!

– Чтобы в поле у тебя кукуруза всегда родилась!...

– Пусть Господь пошлет ангелов в сады твои!

И за ангелов пьют.

– На посрамление твоих врагов!..

– Чтобы под ними лошадь всегда спотыкалась!

И по поводу врагов выпили.

– Чтоб твоя папаха дольше носилась!

Бывают очень неподходящие тосты, весьма скабрезного содержания, недоказывающие, чтобы израиль воинствующий был особенно на язык воздержан.

Только за женщин не пьют. Большой нескромностью считается о женщинах говорить или интересоваться здоровьем жены, дочерей, сестер... И рады вы, когда, наконец, пирушка заключается последними тостами, и охмелевшие, но неизменно хранящие восточную солидность гости или расходятся, или похрапывают у стен, опираясь на мягкие подушки, до тех пор, пока сыновья не растащут их по домам.

Делается это в сумерки, потому что горец ни за что не покажется на улицах своего аула пьяным среди белого дня. Это считается большим позором.. "У него соломенные ноги!" – говорят про такого.

Под вечер, когда синим сумраком окутало окрестности и вся гора уже засвечивалась огоньками, робко еще боровшимися с последними отсветами отгоревшего дня, у дверей сакли послышалось громкое ржание коней и говор многих голосов. Видимо, совершалось что-то важное, потому что бывшие в сакле встрепенулись и зашептались...

– Должно быть, наши приехали!.. С погони!..

В саклю почтительно вошло четверо молодых людей. Красавец к красавцу – точно на подбор. Вот бы питерским барыням показать! Черты тонкие, красивые, склад тела сильный, но стройный. Плечи широкие, талия в перехват.

– Ну, что, выследили?

– Нашли... Лисица показала хвост!

– Что же вы ее не поймали?.. А еще

молодцами называетесь! Вам бы у аульной печки хлеба печь с бабами да сплетничать с ними, да мерять, у кого шаровары шире... Ой, вы!... Еще жениться собираетесь. Да вас бабы иголками обидят, и жаловаться вы на них побежите своей бабушке или матери... Бессовестные!.. Вас бы посадить на ишаков, лицом к хвосту, да и провести так по аулу. Девки блудливые!..

Молодежь молчала.

— Или она вас хвостом напугала, лисица эта?

— У лисицы лисенят много....

— Что же, они шайкой одной?

— Вместе все. Два дыма было, а за каждым дымом по шести человек сидело. За подмогой вернулись!

Я не понимал, в чем дело. Оказалось потом, что украденную девушку отбивать собирались. Похитители прятались в окрестностях. Преследователи наткнулись на них, да спасовали. За двумя кострами двенадцать удальцов оказалось.

— Что же, она плачет?

— Какое, – смеется! Поди, говорит, скажи родным, что не хотели отдавать по согласию, я и так обошлась!

— Говорили отцу?

— Нет... "Думор" (жених законный, от

которого она бежала) в аул послал. Совсем потерял голову, бедный!

– Чего же вы сюда-то сунулись?

– Да ваших храбрецов звать пришли!

Двое племянников хозяина вызвались ехать. Понятно, что и я не мог пропустить этого зрелища, тем более, что оно скорее походило на оффенбаховскую оперетку, в которой недремлющие стражи порядка проходят мимо самого носа разбойников, великодушно их не замечая, чем на настоящую трагедию с воплями и стонами, с кинжальными ударами, кровью и чадом пожарищ... Дело должно было окончиться неизбежно миром. Погоня была формальностью. Только следовало попытаться отбить украденную родственницу, которая недели через три все равно сама явится. Да и всякий из преследователей при подходящем случае сделал бы то же самое.

Когда мы вышли садиться на лошадей, ночь уже зажгла в темных небесах мириады своих неугасимых лампад, и вой чекалок уже замирал в глуши окутанных мраком ущелий... Было свежо, хорошо пахло скабиозами, лошади бодрились и постукивали копытами о землю. В ауле блистали огоньки... Где-то слышалась гортанная песня и какие-то струны трепетали медленно и нежно. "Друг мой, друг далекий, вспомни обо мне!" Так и хотелось крикнуть прямо в лицо этой холодеющей ночи...

8
Оффенбаховские разбойники и еврейская самокрутка.

Ах, какая это была чудная ночь....

Наши кони, сторожко храпя и потряхивая головами, поднимались в горы. Путь был крут, так что лошади буквально цеплялись за каждый выступ камня передними ногами, упираясь в твердую почву задними. Сучья с благовонными цветами хлестали в лицо, и немудрено: среди этого теплого мрака тропинка казалась черною щелью.

Не различишь, где нагнуться, где нет. Ни одной звезды вверху, потому что вершины деревьев переплетались в непроницаемые своды. Там слышался порою тихий шелест, хотя ветра и в помине не было. Точно размах каких-то мягких крыльев порою мимо ушей. Раз что-то теплое, мягкое, бархатистое ударило мне прямо в щеку и с тихим писком шарахнулось в сторону. Противное ощущение –

должно быть, летучая мышь.

В черной чаще порою бриллианты, изумруды и яхонты вспыхивали, смешиваясь с золотистым блеском желтого топаза и красного рубина. То поодиночке, то кучками, точно в воздухе, дрожат и мерцают головные уборы лесных сильфов. Посветит, посветит, переменит несколько цветов и вдруг потухнет, точно водою вспрыснутая искра. Один поворот тропинки – и новая чудная деталь этой великолепной картины.

Тихо журчит лесной ручей, сонно, медлительно, словно спать ему самому захотелось, словно эта молчаливая ночь унимает его шаловливые серебряные струйки. Над ним вьются несколько светляков, и отражение их зыблется в воде; ни позади, ни впереди ручья не видно, только один этот лоскуток...

Тропинка все круче и круче. Приходится, чтобы не тянуло назад, нагибаться к самой шее коня.

– Сойти с лошадей надо! – говорит мне увязавшийся за нами Магомад-оглы.

– Зачем?

– Трудно... Вон впереди все уже пешком идут. Только под уздцы возьми!

Так и сделали.

Наверх, действительно, трудно было подыматься, тем более, что под ноги совались постоянно, должно быть, узловатые, свившиеся, как змеи; корни деревьев. Наткнешься и летишь лицом в сочную траву. Да и подозрительное шуршание какое-то по сторонам слышится... Не змеи ли, не даром самая гора называется Змеиной?

— Что, разве тут змей много?

— Прежде было... Царь ихний жил на этой горе. В пещере...

— Кто-же его видел?

— Никто. Только и до сих пор в этой пещере золотые кольца да битую посуду, из которой ел он, находят... Могучий царь был. Мог всякий образ принять на себя. И волком, и лисицей, и чекалкой, и медведем. У него на голове три короны блистали: одна рубиновая, другая яхонтовая, а третья алмазная... Большой был царь. Каждый день ему по три мальчика и по три девочки приносили, зато змеи не трогали никого.

Ваша Мириам (Богоматерь) помогла. Дочь одного священника должна была идти на съедение змеиному царю. Ну, отец молиться стал. Мириам приняла ее образ и вместо нее пошла к змее. Как увидел ее змеиный царь, дрогнул и в самое нутро горы вполз со всеми своими подданными. Из пещеры в "сердце" горы жила тянулась. Ну, тогда Мириам закляла змей, чтобы они вышли из своей тюрьмы только тогда, когда кто-нибудь на этой горе храм ее разрушит...

— А разве здесь есть церковь?

— Древняя стоит... Пустая давно...

— Магомад-оглы, будь другом, покажи...

В моем воображении так и возникла разом поэтическая картина развалины в темном царстве этого дремучего леса.

— После... Вот догоним невесту, а там видно будет... Да они далеко еще, развалины эти. Ну, как закляла Мириам змей, ни одна не показывается здесь. Только как заночуешь на горе, так ночью слышится, как внутри, далеко, далеко под землею, что-то шуршит, и стонет, и шикает, и свищет. Это он... Это царь змеиный ищет выхода, да не находит его и шипит от злости. А то волком в горе завоет или, как ребенок, плакать начнет. Тоже на свет выйти хочет.

А то у него там дня нет, все ночь, хоть и живет он в алмазных палатах, где чудесные звезды горят...

Иногда по сторонам более зловещие звуки слышались. Что-то тяжелое, грузное, массивное шарахнулось от нас в чащу, так что долго после того трещали сучья, все тише и тише, и замирал шорох встревоженного зверя.

Хорошо еще, если таким образом кабана вспугнешь, а то ведь в эти горы зачастую и тигр жалует, а про леопарда и толковать нечего – постоянный гость. Выхватить же из нас любого и труда особенного нет...

Оружие за спиною, бредем через силу, темно, и не увидим даже, как не досчитаемся товарища. Положение скверное. Даже передовые остановились, видно переговариваются, что делать?..

– В прошлом году также мохнатый черт унес Абдул-Рахима. Потом только обрывки платья, папаху да кости нашли!

– А помнишь, как здесь зверь русского чиновника попортил?

Толковали, толковали и не нашли ничего лучшего, как зажечь сучья какого-то сильно пахучего смолистого дерева и с этими импровизированными факелами идти вперед.

Все остановились на несколько минут.

Слышим, как ломаются ветви. Лошади пугливо храпят, а ночь еще чернее, еще непрогляднее... Вон вспыхнуло ярко-красное пламя. Другой огневой язык выхватил из тьмы серые стволы каких-то сумрачных великанов; третий еще дальше загорелся, осветив какое-то бородатое лицо, сияющее самой беззаветной детской улыбкой. Четвертый прямо перед понуренной мордой вороного коня. И трещат сучья, и раскидывают по сторонам снопы ярких искр.

Вместе со светом послышались шутки. Кое-где смех, громкий, откровенный. Дали и мне целый пук смолистых ветвей; зажег у Магомада; смотрю – надо мною в вышине висят, как борода, длинные волокна чужеядных, перебрасываясь с одного дерева на другое. Такой длинной бахромы, пожалуй, и над тронами средневековых сюзеренов не колыхалось с их торжественных катафалков.

Теперь вся тропинка с ее извивами намечивается чудесно. Вон огоньки впереди повернули вправо, круто повернули, точно мы назад собираемся идти. Вот налево взяли... Какие-то серые камни по сторонам. Неужели близка вершина, что пошли утесы?

Мой факел освещает чью-то широкую спину впереди и крупный зад серого коня, помахивающего хвостом.

– Теперь безопасно, – говорит Магома рядом. – Ни один зверь на огонь не пойдет. Особенно, когда увидит, что нас много!

Общительность евреев сказалась и при этом. Пока темно было, все молчали; точно ночь давила. Теперь молодежь расхвасталась так, что перед ее воображаемыми подвигами побледнели бы блистательные деяния сказочных Рустама и Зораба. Чего, чего тут только не было.

Один раз с тигром схватился и задушил его голыми руками, "как щенка", другой с дерева десять медведей перестрелял. Точь-в-точь наши охотники, одной пулей двух зайцев пронизывающие и ею же случайно убивающие покоившегося впереди медведя!

Самый красноречивый из них слышал, притаясь в чаще, как два зверя в лесу разговаривали по-лезгински, в чем остальные не нашли ничего невероятного. Израиль воинствующий твердо верует, что душа грешного человека после физической смерти его бренного тела может перевоплотиться в различных животных на более или менее продолжительное время, чтобы "настрадаться за грехи". После ис-

214

купления грехов душа человеческая может попасть в рай.

ооооооооооооооооо

Наконец, лес поредел, и в просветах его забагровело какое-то яркое зарево...

Я было приостановился.

– Там, должно быть! – указал Магома.

– Кто... что?

– А храбрец, что аруса увез...

Наша партия шла с веселым смехом, без всякой осторожности. Мрачен и молчалив был только один оставленный жених – думор.

Чем ближе, тем ярче в просветах пылает красное зарево. Черные силуэты деревьев на нем обрисовались каждою своею ветвью, даже сквозь листву прорывается багровый свет, и вся она точно нарисована на нем, – каждый зубчик листа, каждая арабеска переплетающихся сучьев. Какая-то большая птица сидит на голой ветви и вся на красном фоне выделилась...

Крики и оттуда доходят...

К самой опушке подошли... Небольшая полянка, огневое пятно ярко горящего костра посередке... Масса ослепительно сверкающих углей, черные колоды только что срубленных деревьев, обвиваемых темным дымом.

Целые снопы взвивающих к верху искр. За костром утес. Только верхушка его видна над пламенем и точно сплошь облита кровью. Огненные руки цепляются за нее, отбрасываются назад и снова в отчаянии схватывают ближайшие деревья. Дотронутся до ветви и позолотят ее, доселе совершенно темную.

Золотится, золотится, рассыпается искрами, и нет ее. Узкие, вьющиеся жала пламени разбегаются вокруг костра по земле, то оближут кустарник, то едва заметною струйкой пронижутся внутрь его и вдруг оттуда вылетят целым клубом бледно-черного дыма, на который громадный костер кидает свои багровые оттенки и отсветы.

А там, смотришь, с тихим шелестом свертываются, сжимаются и тлеют красивые белые цветы. Сочные сучья куста еще держатся, да и им не выстоять. Огненное жало делает свое дело. Легкий треск пройдет по ним, завьются и закружатся они, осыпая точно градом помертвевшие листья, и скоро на месте куста еще одно огненное пятно выхватывает из мрака ближайшие к нему коричневые стволы каких-то лесных великанов из скрывавшего их сумрака.

В дыму костра порою грузно шмыгнет встревоженный ястреб, на минуту точно красным платком взмахнули там – и нет уже очнувшегося хищника, и долго его недовольный клекот слышится в чернолесьи...

На огненном фоне черные фигуры. Видимо, они нас услышали и насторожились, привстали. Вон черный силуэт человека и тонкая линия ружья у него в руках; черное на красном фоне. На пурпурную скалу, позади костра, человек взобрался. Он совершенно красным в пламени кажется. Храпение коней из лесу. Один к костру подошел и тоже чернеет на его огнистом пятне. Кто-то в седло садится. Женский голос. Вот и она сама, грациозная, тонкий стан, узко-покатые плечи, широкие разливы бедр, формы которых не скрадываются хорошо обмятым платьем.

Черные клубы дыма заслонили красного человека на красной скале. Но светлая струйка точно брызнула вверх, и оттуда, сквозь треск и свист костра, грянул выстрел. На огнистом фоне костра замелькали люди, и вырисовывались тонкие черточки горских винтовок.

– Трусы, собаки! – орет наша партия и

разом из двенадцати стволов стреляет в воздух.

Запах пороха бил в нос. Чувствуешь головокружение какое-то. Возбуждает – весело.

– Дьяволы подлые! Давно ли щенята орлов ловят? – слышится у костра, и оттуда взметываются в воздух несколько светлых струй, и слышится грохот. Но и там стреляют в воздух...

Я так и подозревал, что будет нечто вроде лекоковской оперетки. Точно сцена из "Les brigands".

– Что это вы тут, воры, делаете?... Вот мы вас!.. – кричим мы.

– Уносите ноги! А то сжарим в огне и медведям жаркое оставим! – отвечают оттуда.

– Подлые вороны! – пронзительно восклицает женский голос. – Покажите им себя, храбрые молодцы. Снимите с них шальвары и пустите домой голоногих!

Опять мы стреляем в воздух, то же делают и противники. Клубы порохового дыму еще гуще расстилаются кругом.

– Нахшон! – выкрикивает кто-то из наших, уже совершенно деловым тоном.

– Чего? – откликаются из противной партии.

– Мать велела тебе передать, что дров дома нет!

– Знаю, я уже говорил братьям!

– А какое у вас вино с собой? – в свою очередь, в перемежку с руганью, вопрошает кто-то оттуда. – Не захватили ли бурдюка? У нас мало!

И опять ругань....

Наши вскакивают на коней, похитители невесты – тоже. Я остаюсь в тени. Благо на сухое место попал. Лежать мягко, удобно... Нужно же кому-нибудь быть зрителем этого спектакля.

На красном фоне костра точно сцена из Вальпургиевой ночи. Черные силуэты наездников мелькают с бешеной стремительностью, налетают одни на других, сталкиваются, разбегаются, вьются, выделывая в седле разные экзерциции джигитовки высшей школы, стреляя назад, вперед, но неизменно в воздух. Все это с головокружительной быстротой. То в одну кучу собьются и точно многоголосое чудовище, какая-то безобразная, черная амфибия клубится и катится там, как вдруг свалка разобьется, и всадники, точно чем-то вспрыснутые, стремятся прочь один от другого, чтобы сейчас же опять свалиться в одно месиво...

Ругань, смех дробятся в воздухе, ржанье лошадей смешивается с молодецкими выкриками. Вот кто-то из седла вылетел, и испуганный конь мимо меня шарахнулся без седока в черную чащу. Ловить его кинулись все – и преследователи, и преследуемые. Я боялся, чтобы не затоптали меня... Поневоле к стволу прижался, точно прилип. Крики их замерли в глуши леса – и опять загремели со всех сторон. Лошадь была поймана... Невеста все это время спокойно сидела у огня, точно и не ее дело совсем.

Солидного Магомад-оглы я не узнал даже: папаха на затылке, хохочет, орет больше других, благим матом. Ругается, стреляет, с разбегу всадил кинжал в дерево и ни с того, ни с сего, на ближайший куст плюнул, точно тот оскорбил его злейшим образом.

– Ты чего? – накинулся он на меня.– Или не весело тебе?

Наконец, обе партии уставать начали. Опять разъединились и заняли первоначальное положение.

– Чего же вы от нас не бежите? Ведь вам бежать следует по адату! – негодовали в нашей партии.

– Зачем? Мы посмотрим, как собаки

от лесных зверей побегут. – Убирайте ноги вы!

– Совсем не наше дело убегать! – резонерствовали преследователи. – Вы увезли невесту, вам и уходить следует, а мы вас догонять будем...

Пора ведь... И она утомилась!

Начался третий акт этой оперетки.

Убежденные нашими ораторами в своей обязанности бежать, джигиты бросились к девушке. Десятки рук схватили ее, приподняли в воздух, моментально завернули в какую-то кошму и разом, в виде какого-то свертка, взбросили на седло в руки к ее избраннику. Послышался какой-то дикий крик, точно вой волчьего стада, и вся эта масса разом шарахнулась вперед, в сырую темень лесной чащи.

Я едва успел вскочить в седло, как мой конь, увлеченный общим смятением, стремительно ринулся вперед, сослепа набежал на костер, прянул в сторону и чуть не вышиб меня из седла прямо на огонь.

На одну секунду обдало горячими искрами, обожгло лицо, близко-близко мелькнуло в глазах яркое пламя, и, спустя минуту, я уже вслед за другими вихрем несся среди непроглядного мрака, вцепившись инстинктивно в гриву коня и прижимая голову к его взмыленной шее.

Ветви хлестали в лицо, из-под копыт лошади сыпались искры, когда она попадала на камень, а преследуемые и преследователи еще неудержимее, еще безумнее неслись все вперед и вперед, будя молчаливые окрестности дикими криками какой-то адской, дыхание захватывающей, травли. Воображаю, как от нас шарахались в стороны испуганные звери, как лесные хищники-филины-пугачи, ошеломленно забирались в густую чащу чинар и каштанов. Мне до сих пор удивительно, как нас не разбило о какое-нибудь дерево, как мы не сломали себе шеи, когда конь спотыкался среди своего бешеного бега, когда седло как будто отрывалось от его спины. В ушах свистал воздух, оглушали выстрелы. А кровь приливала к вискам, росло воодушевление, и все дальше и дальше хотелось нестись вперед, хотя и в хвосте этой сумасшедшей травли. Опьяняло!.. Уж внизу мою лошадь схватил под уздцы Магомад-оглы.

— Стой!... Ты хотел церковь видеть вашей святой Мириам!

— Где она?

— В стороне немного. Теперь, все равно, погони не увидишь. Они до следующего аула гнать будут. Молодец, что невесту украл, спрячется там у своего кунака, а остальные в аул вернутся!

Я последовал за ним.

Конь еще вздрагивал, поводил ушами, похрапывал, заявляя поминутно желание сменить умеренную рысь на дикий бег.

Большая поляна. Месяц уже встал на краю неба. Сюда доходит только его слабый отсвет. Края поляны отодвигаются на царство непроглядной тьмы.

Точно нет их вовсе.

Только позади нас видны деревья, а кругом мрак, и из этого мрака выделяется едва освещенное пятно площадки. Тихо, сумрачно, торжественно позади в лесу, но здесь, на этом пятне, еще тише сумрачнее и торжественнее едва-едва намечаются, точно призраки, грандиозные руины древнего храма.

И разобрать их трудно! Смутно уж очень. Одна громадная масса стремится вверх, и ее-то вершина всего ярче видна. Точно висит она.

Подножие теряется в сумраке. Кругом кучи щебня, обгрызки какой-то стены, круглая башня с черным зевом провала.

Чуть-чуть наметилось во мраке и опять ушло во мрак, когда месяц спрятался за тучей. На одну минуту только и показалось, строгое, торжественное, молчаливое и величавое. Таким оно мерещится мне и теперь, полным сумрака и тайны, без деталей, без второстепенных абрисов, но необычайно цельное, внушающее благоговение. Точно старый, полузабытый сон встает передо мною! Помнится еще только запах цветов, которые, словно невидимые кадила, возносили во тьме свои благоухания к невидимому алтарю этого сумрачного храма, целые века умирающего в своей таинственной глуши.

И опять мрак леса, и опять тряска на жестких седлах.

ОГЛАВЛЕНИЕ

Глас вопиющего в пустыне 3-40
Серебристая подкова 41-70
В горах Дагестана 71-224